DEDICATORIA

Para mis hermanos Fernando y Paula
M.D.

Para Soledad
A.P.

LA VENTAJA LATINA

EN EL TRABAJO

APROVECHA QUIÉN ERES PARA ALCANZAR TUS METAS

Mariela Dabbah
Arturo Poiré

SPHINX® PUBLISHING

Para la traducción de esta obra al español se ha consultado el Diccionario español-inglés/inglés-español de Ediciones Grijalbo S.A./Harper Collins, 3a. edición, 1992, 1993.

Primero Edición, 2007

Publicado por: **Sphinx® Publishing, impresión de Sourcebooks, Inc.®**
Oficina de Naperville
P.O. Box 4410
Naperville, Illinois 60567-4410
630-961-3900
Fax: 630-961-2168
www.sourcebooks.com
www.SphinxLegal.com

Esta publicación está destinada a proporcionarle información correcta y autorizada en relación con la temática del libro. Por lo cual, esta obra se vende con el entendido de que la editorial no se compromete a suministrar servicios legales o contables, ni ningún otro tipo de servicios profesionales. Si se requiere asesoramiento legal u otro tipo de consulta profesional, se deberán contratar los servicios de un profesional competente.

Cita textual de una Declaración Conjunta de Principios aprobada por un comité de la Asociación Americana de Colegios de Abogados y un comité de editoriales y asociaciones literarias.

Este libro no reemplaza la ayuda legal.

Advertencia requerida por las leyes de Texas.

Datos de la obra registrados en la Biblioteca del Congreso.
Dabbah, Mariela.
La ventaja latina en el trabajo: Aprovecha quién eres para alcanzar tus metas / por Mariela Dabbah y Arturo Poiré. -- 1. ed.
p. cm.
ISBN-13: 978-1-57248-600-3 (pbk. : alk. paper)
ISBN-10: 1-57248-600-7 (pbk. : alk. paper)
1. Success in business--United States. 2. Hispanic Americans--Life skills guides. 3. Hispanic American businesspeople. I. Poiré, Arturo. II. Title.

HF5386.D1618 2007
650.1089'68073--dc22
                                                                2007004878

Imprentado en los Estados Unidos
VP — 10 9 8 7 6 5 4 3 2

AGRADECIMIENTOS

Quisiéramos dar las gracias a Dianne Wheeler por su inmediato interés en el libro, así como a Michael Bowen, nuestro editor, por sus instintos visionarios, y por su apoyo a lo largo del proceso de publicación.

Nuestro agradecimiento también es extensivo a los colegas y amigos íntimos que nos han apoyado a lo largo del proyecto, y que leyeron el manuscrito para darnos su opinión: Ezequiel Caride, Marisol González, Susan Landon, Soledad Matteozzi, y Elizabeth Nieto.

Nos sentimos en deuda con las muchas personas a las que entrevistamos para el libro, y quienes con tanta sinceridad compartieron sus historias. Quisiéramos sobre todo dar las gracias a aquellos sobre los que hicimos un perfil, debido a la extensión de la entrevista: Mario Bósquez, Esteban Creste, Cecilia Gutiérrez, Ernesto Schweikert, Teresa Mlawer, Lillian Ortiz, y Ana Duarte-McCarthy.

Agradecemos a Julie Stav desde lo más profundo de nuestro corazón, por su continua mentoría y por un magnífico prólogo.

Hacemos extensivo nuestro agradecimiento a la National Association of Hispanic Journalists (NAHJ) y a sus miembros, por habernos dado una calurosa bienvenida.

Por último, queremos dar las gracias a Lorraine Carbonel-Ladish po su enorme entusiasmo y por su gran apoyo en esta traducción.

CONTENIDO

    Este es tu Club—Aprovecha tu membresía
    Cómo leer este libro

PARTE I— SENTAR LAS BASES

    La batalla por encajar
    Aprovecha las oportunidades
    Unas palabras acerca de los ejercicios
    Utiliza tu idioma
    Uniformidad vs. diversidad

    Estereotipos y la batalla del balanceo

PARTE II—LAS VENTAJAS LATINAS

PARTE III—OPORTUNIDADES PARA MEJORAR

PARTE IV—CÓMO SE COMBINA TODO

PRÓLOGO

En los últimos años, el mercado editorial de Estados Unidos ha visto crecer de manera notable el número de libros de todo tipo dedicado a temas latinos, una prueba más de nuestra creciente participación y nuestro triunfo en la vida de este país. Con enorme satisfacción, ahora vemos en las librerías de costa a costa títulos sobre cocina hispana, sobre nuestros países, costumbres, artistas e historia. Hay libros que te ayudan en el examen de ciudadanía y libros para aprender inglés o español, títulos sobre finanzas y relaciones, novelas de nuestros mejores autores y manuales para carreras, libros en fin, para que nos conozcan mejor y para que nosotros aprendamos a integrarnos mejor a la sociedad en general.

Pero hasta ahora no contábamos con el tipo de libro que Mariela Dabbah y Arturo Poiré—dos exitosos autores latinos que son una prueba de todo lo que podemos llegar a alcanzar cuando nos empeñamos en realizar nuestros sueños—nos ponen en las manos. No creo que exista actualmente en el mercado editorial estadounidense otro libro parecido a *La Ventaja Latina en el Trabajo*, con tal capacidad para mostrarnos de una forma concreta, positiva, entretenida y realista la inmensa riqueza que nos brinda nuestro idioma, nuestro carácter, nuestra cultura, nuestra esencia misma, y que nos enseñe a utilizar este maravilloso tesoro para lograr nuestras más grandes metas.

La Ventaja Latina en el Trabajo le muestra al lector, como hasta ahora ningún otro libro ha logrado hacerlo, como *aprovechar quién eres para alcanzar tus metas*, tal como promete su subtítulo. Y lo hace de una manera innovadora, mediante ejercicios prácticos salidos de situaciones de la vida real, que nos permitirán no sólo descubrir y utilizar nuestras virtudes sino también reconocer y moderar aquellos rasgos que pudieran ser un obstáculo en nuestro camino hacia el éxito en cualquier aspecto de nuestra vida personal y profesional. En mi propia experiencia como planificadora financiera y en mis conversaciones diarias con los miles de oyentes de mi programa radial, he visto cómo a muchos hispanos a veces les cuesta trabajo utilizar los fantásticos recursos que tienen a su alcance y las oportunidades que podrían ayudarlos a abrirse camino con más seguridad en la vida.

Mariela y Arturo han elaborado una metodología única para facilitarnos el triunfo en nuestra lucha por ser parte integral de esta sociedad y ayudarnos a superar las trabas que, muchas veces, nosotros mismos nos ponemos. No creo que exista actualmente otro título como *La Ventaja Latina en el Trabajo* que le explique al lector con precisión y objetividad (aquí no te vas a encontrar aquello de "¡somos latinos y por eso somos mejores que los demás!") cómo maximizar sus ventajas en la vida, cómo entender verdaderamente qué significa pertenecer en este momento y en este país a una cultura tan pujante y rica como la nuestra, cómo vencer las impedimentos que quizás nos impiden avanzar más para convertirnos en historias de éxito como las que veremos en estas páginas.

La Ventaja Latina en el Trabajo te dice: "Eres latino y por eso cuentas con una cantidad maravillosa de recursos que podrías utilizar para conseguir una vida llena de recompensas en Estados Unidos. ¡Éstas son tus virtudes! Aprovéchalas. ¡Éstos son tus puntos débiles! Supéralos". Mediante ejercicios y prácticas muy sencillas de ejecutar, tú podrás llegar a valorar y servirte día a día del inmenso poder que te da tu lenguaje, tu cultura, tu forma única de ser. Al leer este libro, me he sentido orgullosa de conocer a sus autores, porque Mariela Dabbah y Arturo Poiré han descubierto y compartido un fantástico secreto que por primera vez nos permitirá comprender lo que significa ser latino y aprovechar el potencial que nos ofrece nuestra raza y nuestra cultura para conseguir el Sueño Americano.

—Julie Stav

PREFACIO

Cuando empezamos a escribir este libro, nuestro objetivo era proporcionar algunas herramientas útiles para cualquiera que tuviera raíces latinas, ya hubieran nacido en Latinoamérica, o bien en Estados Unidos, de padres latinos (usamos el término "latino" para describir a cualquier persona cuya herencia pertenezca a Latinoamérica o Sudamérica. Mientras que también se utiliza comúnmente el término "hispano", que técnicamente incluye a personas nacidas en España, ambos términos se utilizan indistintamente). La idea principal es que compartimos ciertas características culturales que son innatas a nuestra identidad de grupo. Si aprendemos a reconocer estas características, podremos utilizarlas para nuestro beneficio, para poder avanzar profesionalmente. Siguiendo la misma lógica, podremos controlar cualquier punto débil que podamos tener. Se trata de encontrar el balance correcto entre ser nosotros mismos y a la vez tener éxito en el mercado americano.

Queremos dejar claro que, de ninguna manera, pretendemos decir que todas las características que abordamos acá son exclusivas de los latinos. Seríamos presa de los mismos estereotipos que intentamos ayudarte a deshacer. Muchas de las características son compartidas en diferente grado por otros grupos, y a veces se manifiestan en mayor medida en los hombres que en las mujeres, o viceversa. Es vital tener presente que primero somos personas y que tenemos más cosas en común que diferencias. A pesar de esto, es necesario generalizar cuando se estudia un grupo en particular, y por esa razón hemos encontrado que las afirmaciones generalizadas que hacemos en este libro se ven justificadas en el nombre de ayudar a los lectores a comprender determinados comportamientos.

Aunque hay muchas características positivas que funcionan bien dentro del sistema americano, hemos escogido las que creemos que te proporcionarán la mayor ventaja.

Debido a que todos tenemos antecedentes ligeramente distintos, es posible que no te veas reflejado en todos los rasgos que describimos. Simplemente toma aquello que te sirva, practica los ejercicios que te resulten útiles en tu situación personal, y sigue leyendo. Hay mucho material en el libro para satisfacer tu curiosidad acerca de ti mismo y sobre tus raíces, y para ayudarte a avanzar profesionalmente.

También nos gustaría aclarar aquí que utilizamos los términos "Estados Unidos" y "Norteamérica" indistintamente. Además, cuando hablamos de los "americanos", nos referimos a la población anglosajona de los Estados Unidos, para distinguirlos de las personas de ascendencia latina, aunque muchos latinos son ciudadanos americanos.

Una última nota: Los ejemplos que utilizamos a lo largo del libro se basan en nuestra experiencia y en entrevistas con muchísimas personas. Muchos de estos ejemplos son un compendio de varias anécdotas que luego se adaptaron a los temas que aborda el libro. Los nombres utilizados son todos ficticios, excepto los referidos a los perfiles al final de cada capítulo. Y te recordamos que en español al dirigirnos al lector debemos elegir el género y hemos utilizado el masculino ya que es el que se usa más frecuentemente.

INTRODUCCIÓN

Algo está pasando en el entorno social de los Estados Unidos. Durante los últimos diez años, se ha producido un cambio notable en la percepción que tienen los americanos de los latinos, y en la forma en que ésta población está subiendo peldaños en la escalera social. Cuando nosotros llegamos a los Estados Unidos, hace muchos años, ser latino era completamente diferente.

Durante las primeras semanas de Arturo en su nuevo empleo dentro de una gran institución financiera, Janet, una de sus colegas, organizó una reunión de grupo. El día de la reunión, Janet se detuvo en el puesto de trabajo de Arturo, para confirmar que él estaría allí a la hora acordada.

"Si, claro, nos veremos allí", respondió él.

Ella lo miró fijamente y le preguntó: "¿Vas a llegar puntual, o en horario *latino*?" Arturo recuerda que se sintió bastante ofendido, y lo demostró mediante un gesto. Janet lo advirtió y le pidió disculpas.

La primera experiencia de Mariela con el estereotipo de la hora latina, fue con unos conocidos americanos. La invitaron a una fiesta, un sábado a las siete de la tarde. Cuando llegó, no sólo advirtió que era la primera, sino que no vino nadie más hasta pasada una hora. Pronto comprendió que sus amigos la habían citado una hora antes, pensando que ella se demoraría.

En aquel momento, no pudimos evitar preguntarnos qué otras ideas preconcebidas tendrían de nosotros nuestros amigos y colegas, sólo basándose en nuestra ascendencia. Ambor decidimos que al progresar, procuraríamos tener mucho cuidado de no reforzar esos estereotipos; aprenderíamos el sistema americano, y más aún, procuraríamos demostrar el valor añadido que poníamos sobre la mesa debido a nuestro origen.

Han cambiado muchas cosas en la última década. No sólo los latinos se han convertido en la minoría más grande de los Estados Unidos, sino que nuestro crecimiento y popularidad parecen imparables. Desde las tendencias musicales, en el ocio (entretenimiento), la moda, y la alimentación, hasta el mundo de la política, (en que políticos de ambos partidos procuran atraer a los latinos), hoy en día, todo lo latino es visto de una forma mucho más positiva.

Así surgió la idea de este libro. Durante nuestra larga estancia en los Estados Unidos, nos hemos convencido más y más de que los motivos del éxito latino residen en nuestra particular educación y herencia cultural. No importa de qué país latinoamericano sea nuestra familia, hay determinadas características y valores que todos compartimos, y que hacen que seamos particularmente exitosos en este sistema. Todos compartimos historias de sacrificio e inestabilidad en los países que dejamos atrás, y el sueño de sacar el mayor provecho de la experiencia en nuestro nuevo hogar.

Este libro te enseñará que existe una ventaja latina. Que esa ventaja reside en las características y habilidades que tienes, y que te pueden ayudar a tener éxito en el sistema americano de dos maneras.

1) Estudiaremos la forma en que nos relacionamos, cómo nos comunicamos, cómo perseguimos nuestras metas, y la importancia que damos a la familia y las relaciones personales. A través de esto, podemos aprovechar al máximo la ventaja latina.

2) Observaremos determinadas características que tenemos que controlar. Son características que pueden fácilmente reforzar el estereotipo negativo con el que algunas personas consideran a los latinos, y que pueden afectar nuestras posibilidades de éxito.

El libro se focaliza de principio a fin en ayudarte a tener éxito en

Norteamérica. Queremos asegurarnos de que aprovechas tu potencial al máximo mediante la utilización eficaz de tu herencia.

ESTE ES TU CLUB—
APROVECHA TU MEMBRESÍA

Para aquellos que no sean conscientes de la magnitud de este grupo, hemos recopilado algunas interesantes estadísticas acerca de la población Latina en Estados Unidos.

- Hay aproximadamente 41 millones de latinos residiendo en los Estados Unidos, con una proyección de 48 millones para el año 2010 y 60 millones para el 2020. De estos 41 millones, alrededor de 18 millones hablan español en sus casas. (Fuente: Oficina del Censo de los EE.UU.)
- El poder adquisitivo de los Hispanos ha aumentado hasta alcanzar casi 700 billones de dólares, y se proyecta que alcanzará al menos 1 trillón de dólares para el 2007, casi tres veces el valor nacional en la última década. (Fuente: HispanTelligence®)
- Hay aproximadamente dos millones de negocios propiedad de Hispanos en el país, que generan casi 300 billones de dólares anuales de facturación bruta. (Fuentes: Small Business Administration, HispanTelligence®)
- Para el 2003, los 500 negocios más grandes de propiedad hispana del país, reportaron ingresos récord de 26,3 billones de dólares, un incremento del 13,9% con respecto al año anterior. (Fuente: HispanTelligence®)

Estos datos confirman lo que probablemente ya sospechas. Todas las indicaciones apuntan a que la comunidad latina está aprovechando el sueño americano—¡y el futuro se presenta incluso mejor!

Añade a esta información el reciente énfasis que están poniendo las compañías en la diversidad, y está claro que habrá suficientes oportunidades para una mejora continuada y sostenida. Hay que tener en cuenta, sin embargo, que el apoyo a la diversidad no implica que recibirás un trato preferencial. Más bien, significa que tienes que demostrar que tu diversidad cultural se traduce en valor añadido. Esto es exactamente de lo que trata nuestro libro.

Cómo leer este libro

Hay muchas maneras de leer este libro, dependiendo de tus intereses particulares y tu nivel de auto-conocimiento. La más obvia es leerlo de principio a fin, pero también hay otros métodos igualmente eficaces. Comentaremos algunos, para que puedas comparar, y escoger el que más te guste.

Cada capítulo se compone de varios apartados.
- Material teórico, donde describimos cada característica, comentamos su relación con nuestra herencia y su origen, y señalamos el impacto que tiene sobre nuestra vida en Norteamérica.
- Ejemplos, donde utilizamos situaciones de la vida real, para explicar un tema.
- Practiquemos: secciones en que te pedimos que reflexiones sobre una situación específica o que practiques una habilidad sobre la que ya hemos comentado.
- Sugerencias profesionales, donde ofrecemos aplicaciones más específicas del mundo profesional, acerca de los diferentes temas.
- Perfil de un latino de éxito, donde destacamos a una persona que ha utilizado su Ventaja Latina con gran éxito.

Teniendo en cuenta todos estos elementos, aquí hay unos cuantos métodos diferentes mediante los que podrías aprovechar este texto:
- Podrías leer primero el material teórico y los ejemplos, y realizar las actividades después. Sin embargo, no recomendamos este método, ya que pensamos que las actividades son esenciales para aprender a desarrollar al máximo tu capacidad.

■ Podrías leer primero las sugerencias profesionales antes de leer cada capítulo (o incluso el libro entero) para comprender de lo que trata el libro en general. Después, puedes leer el resto. Este método tiene la ventaja de proporcionarte satisfacción inmediata, ya que estas sugerencias están diseñadas para impactar, sin importar si se han comprendido todos los conceptos del libro.

■ Escoge los capítulos que te resulten más interesantes y léelos primero, aunque te sugerimos que leas el primer capítulo antes que cualquier otro, ya que sienta las bases del resto del libro. Este método te puede funcionar si ya sabes en qué áreas necesitas centrarte de inmediato o las que necesitas practicar más.

■ Podrías leer los perfiles para inspirarte, antes de leer cada capítulo. Ten presente que hemos seleccionado personas muy reales, en el sentido de que te resultará fácil identificarte con sus situaciones y aprender de cómo ellos aprovecharon sus características latinas innatas.

Cualquiera que sea el método que utilices para leer La Ventaja Latina en el Trabajo, quisiéramos creer que hay un antes y un después de leer este libro. Cuando lo termines, habrás recibido mucha información práctica y útil, que podrás implementar de inmediato.

¡Feliz lectura!

SENTAR LAS BASES

1

¿Qué significa
ser latino?

Este capítulo trata de lo que significa ser latino: el proceso de asimilación, tu idioma, las relaciones personales estrechas, las redes de contactos; y cómo aprovechar la tendencia hacia la diversidad en Norteamérica. Antes de comenzar a leer, no obstante, nos gustaría que tomaras un minuto para reflexionar y responder a las siguientes preguntas.

- ¿En qué medida conoces tu historia? (¿Sabes las historias de los que emigraron antes que tú, de dónde vinieron, por lo que pasaron, etc.?)
- ¿Podrías describir qué características o habilidades contribuyeron al éxito de tu familia o al tuyo propio (si eres la primera generación en este país) en los Estados Unidos o en tu país de origen?
- ¿Cómo estás aprovechando esas habilidades?
- Si tienes descendencia, ¿cómo enseñas estas habilidades a tus hijos?

Las respuestas a estas preguntas son relativamente importantes, porque la única manera de aprovechar al máximo tus habilidades y rasgos innatos, es saber de qué estás hecho y de dónde proviene tu originalidad. Se trata de volver a tus raíces.

Si tienes suerte, y tu familia ha conseguido mantener viva su historia, ciertamente cuentas con buenos modelos e historias de éxito (o historias de fracaso), que te muestran formas alternativas de abordar problemas. Te ayudaremos a conectar con ese conocimiento, y a utilizarlo de manera productiva.

LA BATALLA POR ENCAJAR

Ya fueran tus abuelos, tus padres, o tú personalmente el que vino por vez primera a los Estados Unidos, volver a empezar en un país nuevo—con un idioma, una cultura y costumbres diferentes, no es tarea fácil. Hay diferentes estrategias para superar los obstáculos que se presentan durante la inmigración. Durante muchas generaciones, la mayoría de inmigrantes (latinos incluidos) encontraron que la mejor manera de superar estos obstáculos era hacer lo que fuera necesario para encajar en el nuevo sistema, incluso a expensas de olvidar todo lo relacionado con su pasado. El otro extremo, también seguido por muchos inmigrantes, fue recrear su país de origen en el que los acogió, y vivir en el pasado, como si nada hubiera cambiado.

La pura observación mostraría que las parejas con niños pequeños generalmente eligen la primera estrategia (focalizándose principalmente en los niños), mientras que muchas personas de más edad, escogen el otro extremo (focalizarse en sí mismos). Esta es una generalización, por supuesto, y encontrarás inmigrantes de todas las condiciones, edades y orígenes en ambos grupos, pero parece que estas son las estrategias más comunes en la batalla de asimilarse y encajar en la nueva cultura.

Este libro, sin embargo, procura mostrarte una estrategia alternativa, un método más balanceado de asimilación, que intenta incorporar lo mejor de tu cultura original, mientras también incorpora elementos positivos de la nueva sociedad que te rodea. Los ejemplos de este capítulo muestran tres formas diferentes de abordar este proceso para encajar en la nueva sociedad. No son los únicos métodos, pero te darán algunas ideas acerca de cómo otras personas enfrentan esta situación.

EJEMPLO

Haydee nació en Estados Unidos, de padres puerto-rri-queños que no hablaron en español con ella durante su crecimiento. Estaban empeñados en ayudarla a convertirse rápidamente en americana, y conseguir que no la diferenciaran en la escuela como "la latina". Ahora trabaja en un banco, en un área de mucha población latina que se aproxima a ella hablando español en cuanto ve su nombre latino en el cartelito que hay sobre su mesa de trabajo. Siente vergüenza cada vez que tiene que confesar que sólo habla inglés. Hace unos cuantos meses, tomó la determinación de apuntarse a clases de español en la universidad comunitaria.

La situación de Haydee todavía es muy común, y está claro que esta estrategia tiene algunos efectos positivos. Para ser americano, uno debe aprender las nuevas reglas de juego, y esto es lo que hicieron los padres de Haydee. Sin embargo, su hija ahora sufre algunas de las desventajas de sus primeros esfuerzos para encajar en el sistema. En un país en que los latinos son la minoría de crecimiento más rápido, y donde todas las estadísticas muestran que se están convirtiendo en una fuerza dominante en la economía americana, el ser capaz de hablar el idioma de todos estos consumidores es una ventaja. Ser un profesional con esta habilidad es un valor añadido para cualquier tipo de negocio, ya sea una gran corporación o una pequeña tienda de barrio.

Por otro lado, muchas personas no se sienten cómodas intentando aprender todas estas nuevas reglas y costumbres; y por lo tanto, hacen lo posible para contrarrestar esta tendencia increíblemente fuerte recreando su país de origen dentro del país que los recibió. Estas son las personas que se niegan a desprenderse de cualquiera de sus propias costumbres, y no muestran interés alguno en aprender algo sobre el sistema americano. Nunca aprenden el idioma, ni comen otra cosa que no sean platos de su país de origen.

EJEMPLO

Ernestina, es una periodista mexicana, que vino a los Estados Unidos siguiendo los pasos de su pareja. Dejó atrás a su familia y un buen empleo, para reunirse acá con él. No tuvo la motivación para aprender inglés, ni nada que tuviera que ver con los Estados Unidos. Convirtió su hogar en un altar mexicano—celebrando todas sus tradiciones y hablando por teléfono únicamente con su familia. No hizo esfuerzos por conseguir un empleo ni por hacer amigos. No tardó en darse cuenta de que no era feliz. No se identificaba con nada de lo que la rodeaba, y empezó a sentirse sola y añorar su país. Viajó varias veces entre Estados Unidos y México, hasta que decidió buscar trabajo como periodista en los Estados Unidos. Aunque encontró dificultades debido a sus limitaciones lingüísticas, consiguió una posición en la que le asignaron un intérprete para entrevistar a políticos americanos para un periódico latino.

En el caso de Ernestina, su rechazo inicial hacia cualquier cosa americana, hizo que se aislara, y por ello fue comprensiblemente infeliz. No podía integrarse completamente ni progresar en ningún área de su vida, incluyendo lo profesional. Una vez que pudo aplicar su entrenamiento profesional en un entorno en el que podía aprovechar su cultura, empezó a integrar ambos mundos.

APROVECHA LAS OPORTUNIDADES

Mientras progresas, recuerda siempre que tu meta es aprovechar al máximo las posibilidades del sistema americano, manifestando tu diversidad cultural. Ser una persona con diversidad cultural significa que tienes más ingredientes que componen tu mezcla de talentos.

Aprendiste una nueva serie de reglas, múltiples formas de mirar el mundo, y diferentes maneras de relacionarte con los demás y de trabajar con otros. Todo esto te convierte en una persona de una mayor riqueza, en un momento en que el mercado laboral de los Estados Unidos requiere una diversidad de ideas y de soluciones para poder continuar creciendo y desarrollándose. Este es un caso en el que más es mejor—tener dos culturas es mejor que tener sólo una. En eso reside la Ventaja Latina.

Debemos resaltar que la idea de la diversidad cultural como valor añadido no siempre ha sido popular en Norteamérica. Por mucho que este país es definido como un crisol, de vez en cuando surgen debates acerca de la pérdida de la "verdadera" identidad americana. La forma en que este libro aborda esta preocupación, es ayudándote a sacar lo mejor que tienes dentro, para mejorar tus posibilidades de éxito profesional. Se trata de obtener una ventaja que te ayudará a diferenciarte y competir con eficacia en la economía actual.

UNAS PALABRAS ACERCA DE LOS EJERCICIOS

El objetivo de estas actividades, es ayudarte a reflexionar acerca de tus orígenes, y algunas de las ventajas (y desventajas) que ya tienes como resultado de tus raíces. La mayoría son cosas que haces sin pensar—formas de abordar un tema, resolver un problema, interactuar con los demás, etc. Analizarlas y dividirlas en partes más pequeñas te ayudará a comprender lo que haces y cómo lo haces. Al principio será un poco difícil, pero después de algunas actividades, podrás extraer las habilidades genéricas que te proporciona tu educación latina, y aplicarlas a diferentes casos.

PRACTIQUEMOS

Para aumentar tu consciencia con respecto al impacto de tus raíces culturales en tu lugar de trabajo, comienza con una sencilla actividad.

■ Enumera algunas ocasiones en las que tu origen latino te ayudó de alguna manera. (por ejemplo, alguien compartió información importante contigo, recibiste un encargo más importante en el trabajo, etc.).

_____

_____

_____

■ ¿Por qué crees que pasó esto?

_____

_____

_____

Ahora piensa en la situación contraria.

■ Enumera algunas ocasiones en las que tu origen latino te impidió progresar de alguna forma (por ejemplo, los demás hicieron presuposiciones acerca de tu comportamiento, o tu capacidad, etc.).

_____

_____

_____

■ ¿Por qué crees que pasó esto? (Procura pensar en cosas que hiciste de forma activa. Si fuiste el objeto de una acción discriminatoria, reflexiona acerca de eso también.)

_____

_____

UTILIZA TU IDIOMA

El idioma es una de las formas más poderosas de establecer relaciones y crear conexiones. Imagina que hablaras varios idiomas. ¿No te daría eso una ventaja sobre otros que tuvieran menos habilidades? Parece una respuesta obvia, y sin embargo, ¿a cuántos otros latinos conoces que han olvidado su lengua materna? ¿Y tú? ¿Has dejado pasar una de tus mayores ventajas?

Teniendo en cuenta el crecimiento proyectado tanto en inmigración como en nacimientos de niños latinos, habrá crecientes oportunidades en los Estados Unidos para aquellos que dominen más de un idioma. Sin embargo, el punto más importante es que hay millones de personas ahí fuera con quienes tienes un punto de conexión inmediato. Ya conoces la clave que te convertirá en miembro de su club (y viceversa), porque éstas son personas con quienes compartes tradiciones, gustos y valores entre otras cosas. Son personas que harán ese esfuerzo extra para ayudarte, y son el primer grupo sobre el que deberías apoyarte, según vayas aprendiendo más acerca de tu ventaja latina.

SUGERENCIA PROFESIONAL

Siempre deberías añadir tu dominio de idiomas a tu currículum vitae. Muchas personas lo hacen sólo si piensan que tiene algo que ver con el trabajo que están solicitando, pero la realidad es que nunca se sabe cómo pueden evolucionar las cosas. Saber un idioma más (por básico que sea tu conocimiento del mismo), es un valor muy importante en el mundo actual. Pon siempre sobre la mesa todas tus habilidades y conocimientos.

PRACTIQUEMOS

Si todavía no has probado utilizar el idioma como herramienta para establecer relaciones, prueba cualquiera de las siguientes opciones. Toma nota de lo que pasa en cada situación.

■ En el restaurante, cuando adviertas que el mesero o el maître habla español, ordena en español. Y si no dominas el español, al menos di: "Hola ¿cómo está?" Si tú eres el mesero o mesera y adviertes que un cliente habla español, dale la bienvenida en ese idioma.

_____

_____

_____

■ En la escuela de tus hijos, cuando adviertas que un empleado habla español, dirígete a él o ella en ese idioma.

_____

_____

_____

■ Si conoces a alguien con quien congenias y tiene antecedentes latinos, di algunas palabras en español, para ver cómo reacciona.

_____

_____

_____

Cuando utilices el idioma incluso en situaciones informales, comprobarás cómo le brillan los ojos a tu interlocutor, y lo más seguro es que sientas una conexión que dará como resultado un mejor servicio, una propina mayor y todo tipo de oportunidades.

Recuerda, establecer relaciones y redes de contacto requieren un punto de comienzo. Un idioma más te proporcionará una ventaja adicional—tendrás otra manera de establecer esa conexión inicial con los cuarenta y un millones de latinos en los Estados Unidos. Si les muestras que tienes algo en común con ellos, esto te ayudará a superar la desconfianza inicial que es tan común en el mundo actual. Muéstrales a tus hermanos latinos que eres uno de ellos—que de alguna manera tienes puntos en común con ellos. Esto te dará una ventaja.

EJEMPLO

En su papel como gerente de recursos humanos, Carlos ayuda tanto a empleados como a gerentes a manejar los conflictos dentro del lugar de trabajo. Una vez, durante una entrevista de despedida (el encuentro entre un empleador y su empleado, cuando este último decide abandonar la compañía), Hernán, un empleado latino, comunicaba a Carlos el proceso que le llevó a tomar la decisión de marcharse. En un momento crítico de la conversación, cambió del inglés al español. Carlos supo lo que esto significaba: Hernán compartía con él información confidencial. Hernán sabía que toda la información que manejaba Carlos como gerente de recursos humanos era confidencial, pero ésta era su forma de hacerle saber a Carlos que este tema era particularmente delicado y que requería un cuidado especial. Ambos salieron beneficiados. Hernán pudo contarle a Carlos más de lo que hubiera hecho de no ser Carlos latino, y Carlos recopiló información adicional sobre el ambiente de la oficina que le podría ayudar a mejorar el clima dentro de la compañía.

Esta fue una muestra de pura ventaja latina para ambas partes. Hablar español con otros latinos puede hacer que se sientan más cómodos contigo, y que te den más información, un mejor servicio, y todas las oportunidades que no te serían ofrecidas de no haberles hablado en su idioma.

UNIFORMIDAD VS. DIVERSIDAD

Piensa en cómo compiten entre sí productos de una misma clase - generalmente añaden una característica de la que carecen los demás productos del mercado. Sin embargo, el mercado es bastante eficiente en este proceso, y cuando ves un teléfono con cámara de fotos, por ejemplo, en cuestión de meses, todos los teléfonos tienen cámara. Cuando una compañía descubre una nueva característica que es más costosa o más difícil de copiar, obtiene ganancias por encima de la media, durante un período de tiempo mayor. Estas mayores ganancias se mantienen hasta que la competencia se pone al día. Este proceso se repite una y otra vez, en cualquier tipo de industria.

Una cosa es segura—en el actual sistema competitivo, el éxito se basa principalmente en la diferenciación. Esa no era la norma hace muchos años, cuando la uniformidad era la regla. Recuerda cuando el único auto a la venta era un Model Ford T de color negro, o cuando todo el mundo tenía un aparato telefónico negro. Para obtener mayores ganancias, las compañías vendían el mismo producto a todo el mundo, porque era la única opción disponible y las ventas estaban garantizadas. La segmentación del mercado era un concepto desconocido.

SUGERENCIA PROFESIONAL

Utiliza la diversidad en beneficio propio. Hay muchas compañías que realizan esfuerzos extraordinarios para conseguir una plantilla de empleados diversificada, y hay muchas asociaciones que se están esforzando en agrupar a los latinos. Revisa la sección de Recursos, para saber más acerca de los sitios de búsqueda de empleo focalizados en la diversidad y asociaciones latinas de profesionales. (Ver Apéndice A.)

Hoy en día, si no mercadeas tu producto casi individualmente, no tienes oportunidad alguna de triunfo. Piensa en los tonos de llamada que puedes escoger para individualizar tu teléfono celular, o autos como el Mini Cooper, que puedes diseñar en la computadora del concesionario, siguiendo tus especificaciones.

Toma en cuenta que la misma dinámica que se produce con los productos para el consumidor también se aplica a las personas. ¿Cómo te distingues (o te diferencias) de los demás, como persona y como profesional? ¿Qué haces para sobresalir de entre la multitud? Habitualmente, aprendes una nueva habilidad, sigues algún entrenamiento adicional, y obtienes un título universitario.

Sin embargo, según va pasando el tiempo, es cada vez más difícil sobresalir, y los demás aprenden con facilidad esas habilidades adicionales. Hace veinte años, tener un título universitario era una ventaja total; hoy en día, simplemente te pone al mismo nivel de los demás. Además, debido a las comodidades y facilidades que nos proporciona la tecnología actual, conseguir aventajar a los demás es mucho más complicado que antes. Ya que la mayor parte de la información está al alcance de todo el mundo a través de los diferentes medios de información tecnológicos (sobre todo Internet), cada día hay menos ventajas competitivas que te proporcionen la diferenciación que necesitas en la carrera hacia el éxito. Este proceso se acelerará según vaya pasando el tiempo.

Y aquí es donde entra en juego la ventaja latina. Llevas la ventaja en tu interior. Lo bueno de esto es que tu ventaja, tu "nueva" característica, no puede ser fácilmente copiada por otros.

No tienes que mirar muy lejos para encontrar la característica que te ayudará a sobresalir, porque la diversidad, uno de los puntos fuertes en el mundo económico actual, ya forma parte de quien eres. También, recuerda que no importa cuan ocultas estén tus raíces latinas—siempre formarán parte de quien eres.

2

ALCANZAR
EL EQUILIBRIO

Mientras que tus características latinas te proporcionan numerosas ventajas, hay estereotipos y comportamientos relacionados con nuestras raíces que son contraproducentes en el sistema americano. Son cosas que pueden ser muy normales en tu país de origen, pero que todavía crean una reacción incómoda en otros americanos de los Estados Unidos. A continuación, hay un ejemplo que ilustra cómo el hecho de no poner atención a las diferencias culturales podría tener un impacto negativo sobre el éxito.

EJEMPLO

Marisol es recepcionista en una práctica dental grande, que tiene muchos clientes. Es muy amistosa, y está orgullosa de sus raíces latinas, lo cual contribuye a su forma de ser abierta y sociable. A menudo habla en voz muy alta por teléfono, y desafortunadamente, al ser tan amigable, sus supervisores no saben si habla con un paciente o bien hace una llamada personal.

Un día, recibió una llamada de la escuela de su hija. Aparentemente, a su hija la iban a enviar a casa por tercera vez en esa semana, porque se había enfermado. Marisol empezó a subir la voz, hasta que terminó por gritar a su interlocutor en el teléfono. La recepción estaba repleta de pacientes, y otros empleados observaron cómo Marisol perdía los estribos. Después del incidente, Marisol fue enviada a un curso especial de atención al cliente. Cuando le preguntaron cual creía que era su problema, ella respondió que a su supervisor no le gustaba que ella fuera amable y sociable con los clientes. De hecho, esta característica era muy apreciada por sus jefes, ya que ella ayudaba a relajarse a los pacientes, que solían estar bajo mucho estrés.

Marisol era totalmente ajena al hecho de que su problema derivaba de no haber establecido delimitaciones entre sus asuntos personales y laborales. Su vida privada se había convertido en pública, y eso no era bueno para el negocio. En Norteamérica hay una tendencia a separar asuntos personales y laborales de forma más estricta que en otros lugares. En este caso, la característica latina de Marisol cruzó la línea y se convirtió en una desventaja en este ambiente.

ESTEREOTIPOS Y LA BATALLA DEL BALANCEO

Encontrar el balance justo entre encajar en el nuevo sistema y realmente asimilarlo (es decir, adoptar el nuevo sistema como propio, mientras sigues utilizando tus diferencias innatas para salir adelante), no es tarea fácil. Muchos latinos están demasiado preocupados por los estereotipos y hacen lo posible por evitar que los asocien con ellos. No será fácil identificar ciertas características particulares que provocan reacciones negativas, ni superarlas, ya que algunos de nuestros comportamientos están muy enraizados. Sin embargo, la recompensa realmente vale la pena.

Deberías siempre tener en mente que hay muchísimos estereotipos acerca de los latinos, y esos estereotipos se han creado basándose en comportamientos observados. El reto de los estereotipos es que las percepciones son una realidad para quienes las tienen. Por lo tanto, las personas tienden a actuar, incluso perentoriamente, basándose en ellas. Recuerda los ejemplos con respecto a la "hora latina" que comentamos en el Capítulo 1. En esas situaciones, las personas actuaron como si el estereotipo del latino y su forma de manejar el tiempo se aplicara a todo el mundo y en cualquier situación.

Como si esto no fuera ya reto suficiente, tendrás que tomar en cuenta que un pequeño desliz por tu parte sólo reforzará los estereotipos. Mientras que llegar tarde a una reunión, un almuerzo, o evento le puede pasar a cualquiera, si eres latino, lo más seguro es que se utilice para "confirmar" la creencia general.

Por todos estos motivos, muchos han hecho lo posible por distanciarse de esas creencias y estereotipos, y por lo tanto reaccionarán con escepticismo ante algunas de las ventajas de apoyarse en las características latinas que tienen. Ten en cuenta que se trata de encontrar el balance perfecto. Después de todo, no puedes controlar el comportamiento de otras personas—sólo puedes controlar el tuyo.

PRACTIQUEMOS

Recuerda una situación en la que realizaste un gran esfuerzo para distanciarte de tus raíces latinas (podría ser para evitar que te estereotiparan). Por ejemplo, quizá negaste tus orígenes, al no contarle a nadie en el trabajo que hablas o comprendes el español, o decidiste no formar parte del grupo hispano de tu empresa, o hiciste comentarios negativos acerca de los latinos a tus colegas para asegurarte de que nadie te asociara con ellos.

■ ¿Cuál fue la situación?

_____

_____

- ¿Qué hiciste?

_____

_____

- ¿Cuál fue el estereotipo (impuntualidad, falta de responsabilidad, etc.)?

_____

_____

- ¿Cuál fue la explicación que te diste a ti mismo como justificación de tus acciones?

_____

_____

- ¿Cuál fue el resultado?

_____

_____

Ahora, procura pensar en la misma situación, y reflexiona acerca de formas en las que podrías apreciar tu cultura, sacar provecho de las ventajas que te puede proporcionar en el trabajo y aún así formar parte de la cultura americana.

- ¿Qué harías de manera diferente?

_____

_____

- ¿Qué beneficio te proporcionaría esa actitud?

_____

_____

- ¿Cómo puedes darle la vuelta a la situación ahora? (Por ejemplo, si en el pasado no te uniste al grupo latino en la oficina, podrías hacerlo ahora.)

_____

_____

EJEMPLO

Los padres de Marion emigraron a los Estados Unidos antes de que ella naciera, y salvo el español que se hablaba en la casa, el inglés fue su primer idioma. Influida por sus padres, Marion se esforzó mucho para encajar en el sistema americano, y dejar atrás cualquier rastro de sus raíces latinas, lo cual significó que, de no ser por su apellido, nadie hubiera adivinado que era latina. Trabajando para una gran empresa multinacional, ascendió en su carrera, principalmente debido a sus dotes de contaduría, y su capacidad de trabajar extremadamente bien con clientes difíciles. A pesar de que había un grupo de networking latino en su empresa, ella nunca se unió al mismo, ya que se había empeñado en no ser considerada diferente de sus colegas y porque ella no le había contado a nadie que hablaba español con fluidez.

Hace un par de años, la compañía para la que ella trabajaba, compró una gran institución de servicios financieros en México. El proyecto tenía mucha visibilidad, y había una gran necesidad de buenos profesionales que no sólo hablaran el idioma, sino que también comprendieran la manera latina de hacer negocios.

Marion se había esforzado tanto en negar cualquier conexión con sus raíces latinas, que no se le ocurría ninguna manera de hacer saber sus habilidades. Pensaba que los demás considerarían que les había ocultado algo importante.

Marion finalmente decidió no decir nada, y la compañía terminó por contratar a alguien externo para que formara parte del equipo de integración. Debido a esto, Marion se perdió muchas oportunidades para utilizar su ventaja sin perder su estatus de americana.

Si Marion hubiera interiorizado que tener antecedentes latinos no era motivo para avergonzarse y hubiera convertido su mezcla de culturas en una ventaja (un idioma más, experiencia con diferentes perspectivas, etc.), su carrera se hubiera visto impulsada hacia adelante. Ella podría haber desarrollado una red de contactos dentro de su compañía, que no sólo fueran conscientes de su riqueza cultural, sino de sus habilidades y talentos, y que la hubieran tomado en cuenta en el momento de la promoción.

La importante lección que nos deja este ejemplo es que sólo alcanzarás el verdadero éxito (y serás feliz) si tienes el control de tu carrera y tu vida. No pasa absolutamente nada si das menos información sobre ti mismo para que no te coloquen una etiqueta. Muchos profesionales, cuando deciden cambiar el curso de su profesión, no suelen hablar demasiado acerca de lo que hacían antes. La clave, sin embargo, es que tienes que ponerte en el asiento del conductor y tomar las decisiones.

Cuídate de que en tu empeño por encajar en la cultura americana no niegues tus orígenes. Cuando lo haces, pierdes tus puntos fuertes que te confieren ventaja en tu forma de abordar la vida. Hay un refrán que siempre deberías tener en mente: cuanto más profundas sean las raíces, más fuerte será el árbol. Tus raíces son importantes y te han convertido en quien eres hoy. Sin embargo, no te definen por completo. Tú eres el que se define a sí mismo a través de cada decisión que tomas.

SUGERENCIA PROFESIONAL

Si estás en el medio de un cambio de profesión, o si no quieres ser etiquetado de una forma determinada, un método eficaz para señalar los cambios profesionales, es incluir un perfil o un objetivo profesional al principio de tu currículum vitae. Esto proporciona a tu potencial entrevistador una clave para leer tu preparación y comprender tus aspiraciones sin que tengas que excluir ninguna experiencia importante del currículum.

PERFIL
Ana Duarte-McCarthy—Jugadora clave
___

Teniendo en cuenta que Ana Duarte-McCarthy es directora ejecutiva de diversidad de una de las compañías más grandes del mundo, esperarías encontrarte a una mujer estresada. Pero cuando la conoces, de inmediato te atrae su actitud amigable y calmada. Ha alcanzado un buen balance entre culturas e idiomas en su carrera.

Ana nació en los Estados Unidos, de padres dominicanos, que vinieron a este país para que su padre pudiera hacer su residencia médica. "Nunca tuvieron intención de venir para quedarse, por lo que de pronto, mi madre, que como muchas otras personas había tenido una vida cómoda en su país de origen, tuvo que trabajar en una fábrica para ayudar a mantener a la familia", comparte Ana.

Creció entre Chicago y New Jersey. Hablaba español e inglés en la casa, y mayormente inglés fuera de ella, ya que por aquel entonces había pocos vecinos hispano-parlantes en zonas que más tarde se convirtieron en grandes enclaves latinos.

Con una licenciatura en asesoramiento y psicología organizativa, Ana Duarte-McCarthy pasó los primeros diez o doce años de su vida profesional trabajando en educación superior, primero ofreciendo servicios de asesoría y más tarde como directora de orientación y oportunidades en el New School for Social Research. Luego se cambió al sector privado para dedicar su trabajo a la diversidad, un área nueva que acababa de empezar, y en 1995 empezó a trabajar en Citibank. "Tuve la sensación de que era importante hacer este tipo de trabajo, en una empresa que tuviera proyección global", explica.

Ana cree que hablar español le ha proporcionado una grandísima ventaja en su carrera, ya que siempre le ha permitido ser una persona clave en sus diferentes puestos de trabajo, dado que podía comunicarse en este idioma tanto con personal de todos los niveles de la administración como con los clientes.

Apoyarse en su bilingüismo y en sus raíces latinas fue lo mejor que pudo hacer para desempeñar una carrera en el campo de la diversidad. "La gente realmente tiene que estudiar inglés", resalta, mientras reflexiona acerca de cuántos latinos hay en su propia comunidad que no aprenden el idioma y que no obtienen una educación. "Los latinos también tienen que enterarse de las numerosas oportunidades que hay a su alcance, para ayudarlos a continuar sus estudios o encontrar empleo". Por ejemplo, cuando quieras trabajar para una nueva compañía, Ana sugiere que descubras si tienen grupos de networking latinos, o programas de mentoría, en los que otros colegas te puedan enseñar la cultura corporativa—las reglas no escritas de la empresa. "Descubre si es una compañía que valorará tu cultura o que querrá que seas un tipo específico de empleado dentro de una determinada cultura corporativa", recomienda.

Naturalmente, al igual que cualquier otra persona, Ana se ha encontrado con obstáculos en su carrera, debido a su origen cultural. En algún momento sintió que le hacían formar parte de todo tipo de comités sólo porque era latina. En otros momentos sentía que la gente era condescendiente con ella. Lo que siempre hizo, sin embargo, fue evaluar en qué medida lo que le ocurría era el resultado de sus propios prejuicios y en qué medida era debido a otros factores.

"Las minorías siempre tienen el potencial de pensar que lo que les pasó fue por discriminación. Si alguien se te pone por delante en la fila cuando vas a pagar en el supermercado, ¿lo hacen porque son maleducados? ¿Es porque eres mujer? ¿Es porque eres latino? Te pueden pasar por la mente todas estas preguntas. Si fueras un hombre blanco, pensarías que es porque la persona es maleducada". Ana dice que personas que pertenecen a una minoría, a menudo van por la vida preguntándose si lo que les ocurre en la vida, y el tipo de interacciones que tienen con los demás son fruto de su etnia. Sugiere que cuanto más controles ese patrón de pensamiento, mejor, porque es un gran lastre. "La clave", señala, "es comprobar si esos obstáculos son imaginarios o reales, reconocer el racismo cuando se produce, y no dejar que te limite".

Cuando las circunstancias señalan una situación discriminatoria, Ana es la primera en enfrentarla de forma productiva—quizá haciendo un aparte con la persona que ha realizado el comentario y hablando con ella en privado. Callarse es, definitivamente, lo que no hay que hacer.

Otra área en la que Ana cree firmemente que las personas deben involucrarse es en la educación. "La lucha ahora es por el talento. La oferta de personas talentosas y que tengan diversidad, no cubre la demanda". Su convicción de que la educación es el camino hacia un futuro más brillante se pone fácilmente en perspectiva cuando la escuchas decir que "la generación del Baby Boom está envejeciendo y abandonando el mundo laboral a un ritmo alarmante. No tenemos una población de reemplazo que tenga una buena preparación. Esta es una enorme oportunidad para que los latinos reemplacen a todos esos trabajadores, ya que somos la minoría emergente en este país". Obtener los mejores estudios que se pueda, y dominar el inglés es realmente la manera de conseguir el éxito.

Cada vez más compañías valoran empleados de diferentes culturas, que sepan trabajar en otros países y que sean capaces de trabajar con otras culturas. "Lo cierto es", dice Ana, "que muchas personas cuyas familias han estado aquí durante varias generaciones, envidian a las personas con valores culturales fuertes, porque ellas mismas no tienen valores culturales y a veces se sienten perdidas".

Ana Duarte-McCarthy siempre ha estado en la avanzada del campo de la diversidad en este país. Sus consejos son cruciales para cualquiera que intente avanzar en su carrera, dentro de un mercado competitivo. Ya sea que trabajes en una compañía pequeña o grande, que hayas terminado recientemente la universidad o bien que quieras cambiar de empleo, harías bien en aprovechar sus impresiones acerca de cómo los latinos pueden ser la generación de reemplazo. Focalizándote en tu educación y en tu dominio de idiomas, puedes convertir sus sugerencias en algo muy valioso.

PARTE 2

LAS VENTAJAS LATINAS

3

Valores

La supremacía de la ley y la importancia de los derechos del individuo siempre han sido un componente clave del sistema americano, mucho más que en cualquier otro país. Desde los ataques del 11 de septiembre, los debates acerca de los valores han cobrado importancia en la vida americana. Hoy en día, los americanos se centran en valores que giran alrededor de la responsabilidad personal, la importancia de la familia, y el rol de la espiritualidad y la religión en la vida diaria. Lo que resulta interesante es que algunas de las ideas que ahora se valoran en Norteamérica son las que los latinos han mantenido durante largo tiempo, y que solían dificultar que éstor se integraran en esta cultura.

Cuando se trata de valores, los latinos siempre han sido considerados muy conservadores, orientados hacia la familia, y mayormente seguidores de la Iglesia Católica, algo que hace años contrastaba con la cultura mayoritaria en Norteamérica, donde la religión más extendida es el protestantismo. En años recientes, cuando Norteamérica se unía en contra de movimientos fundamentalistas extremistas que produjeron los ataques terroristas, los valores cristianos moderados (incluido el catolicismo), experimentaron un auge de popularidad y aceptación. Fuertes lazos familiares, espiritualidad y religión han cobrado importancia en Norteamérica. De hecho, los valores latinos ahora se acercan más que nunca a los valores más

extendidos en este país, lo cual nos proporciona una gran oportunidad para integrarnos.

Sin embargo, no todo el mundo lo ve así. Si sigues los debates y controversias acerca de la inmigración, advertirás que los grupos que se oponen a la misma temen que los distintos valores de las culturas inmigrantes harán que Norteamérica pierda su identidad. Definitivamente ese no es el caso con los latinos. Los valores latinos y los norteamericanos están más en armonía hoy en día de lo que han estado jamás. Como latino, debes ser consciente de tus similitudes reales con la cultura norteamericana. Esta consciencia te ayudará a apartar la tentación de olvidar tus raíces y tu identidad para poder encajar.

Hay muchísimos valores en una misma cultura, y sería casi imposible hablar de todos ellos. Sin embargo, hay ciertos valores clave, que son comunes a la mayoría de latinos y que, cuando se incorporan a la vida laboral, te pueden proporcionar una gran ventaja.

LA IMPORTANCIA DE LA FAMILIA

El capítulo 4 habla más en profundidad de cómo la falta de una ley fuerte y continua en países latinoamericanos ha hecho que las relaciones personales y la red de contactos inmediata fueran esenciales para sobrevivir. La familia se convirtió en el cimiento de esta red de personas allegadas que los latinos valoran tanto.

De hecho, resulta interesante comparar la familia latina y la americana. A los latinos siempre les sorprende la aparente independencia de las familias americanas. Incluso a pesar de que hay una gran preocupación por la crianza de los hijos en los primeros

SUGERENCIA PROFESIONAL

Es aceptable, durante una entrevista, decir cuán importante es para ti tu familia y tus valores. También puedes hablar de las figuras que te inspiraron, y que han contribuido a convertirte en la persona que eres. Es una manera eficaz de establecer una comunicación positiva con la persona que te está entrevistando.

años de vida, la relación se va distanciando a medida que los hijos crecen, generalmente hasta el punto en que la familia sólo se reúne para las fiestas. (Un claro ejemplo de esto es el hecho de que a los dieciocho años, muchos muchachos americanos abandonan el hogar para ir a la universidad—algo que rara vez ocurre en países latinoamericanos.)

En general, los latinos no se sienten muy cómodos con esta actitud individualista dentro de la familia. En un hogar latino, no es infrecuente que vivan varias generaciones bajo el mismo techo, y que los mayores tengan mucho que decir cuando los hijos ya son adultos. Lo que hay que hacer llegado este momento es establecer una conexión entre quién eres dentro del hogar, y cómo tus características te pueden proporcionar una ventaja fuera de la casa.

PRACTIQUEMOS

Piensa en una importante fiesta que hayas organizado para tu familia. Puede ser una fiesta de quinceañera o una boda –no importa. Procura recordar todas las personas a las que invitaste para que pudiera celebrarse el evento. Seguramente hablaste con muchos individuos que te conocen bien, para que te ayudaran a coordinar el almuerzo, la música, las decoraciones, los vestidos, el lugar, etc.

■ Haz una lista de todas las actividades que tuviste que realizar.

_____

_____

■ Haz una lista de obstáculos que tuviste que superar durante la organización del evento (por ejemplo: tuviste que invitar a miembros de la familia que no congenian, y decidir en qué lugar se sentarían a la mesa).

_____

_____

_____

Ahora piensa un momento en tu trabajo. Imagina que tienes que organizar un evento (una conferencia o una fiesta para los otros empleados o para clientes). ¿Tienes los contactos necesarios para producir un evento exitoso? Las habilidades que necesitarías para organizar un evento exitoso en el trabajo son las mismas que utilizaste en el hogar para organizar una fiesta exitosa.

- ¿Te has dado cuenta de que a veces, a la hora de establecer relaciones, te comportas de modo diferente en la casa y en el trabajo? (Por ejemplo, tienes reparos en aproximarte a personas que no conoces.) ¿Cuales son algunas de esas diferencias?

_____

_____

Lo cierto es que aprendiste desde la niñez a establecer relaciones fuertes y duraderas con tu familia directa y extendida, y con tus amigos más íntimos, y por eso, es muy probable que no te sea tan fácil aventurarte fuera de ese cerrado círculo.

LEALTAD

El tema de la lealtad en la cultura latina está estrechamente relacionado con la importancia de las enseñanzas familiares. Los latinos son generalmente reconocidos por ser muy leales, sobre todo a la familia y a los amigos íntimos. La lealtad es un valor importante en el mundo moderno, y es crítico cuando se trata del trabajo y de relaciones profesionales.

La idea de la lealtad alimenta otra serie de características, como la capacidad de establecer redes de contactos, fuertes y productivas. Es fácil ver que sin cierto grado de lealtad, es imposible desarrollar la estrecha relación que es necesaria para establecer redes de contactos sólidas.

Hay desventajas asociadas con este comportamiento cuando se lleva a extremos. Considera las situaciones en que las reglas informales creadas por las redes de contactos y relaciones entran en conflicto con la supremacía de la ley. En muchos países latinoamericanos aprendes que cuando pasa esto, primero tienes que proteger tus relaciones ya que, por lo general, son más duraderas que la ley o la regla que rige en ese preciso momento. En Norteamérica, cuando algo tiene que ver con la ley, no se hace consideración alguna—simplemente la ley se respeta. Este comportamiento otorga a los latinos una reputación un tanto ambigua, ya que damos la impresión de estar demasiado preparados para proteger a nuestros amigos y familia, incluso en situaciones extremas.

Te han educado para que muestres lealtad a los amigos y a la familia, y tú sabes en qué medida te debes a los demás. Esta es una característica clave que es aplicable fuera de tu entorno más cercano y que puedes utilizar en el trabajo para avanzar en tu carrera. Por ejemplo, tu lealtad a la empresa te permitirá proteger secretos profesionales, y la lealtad hacia un colega de trabajo te permitirá darle tu apoyo cuando él o ella tengan una nueva idea que presentar a su jefe. Sin embargo, si no lo aplicas adecuadamente, este rasgo se puede volver en tu contra. Por ejemplo, nunca deberías permitir que tu lealtad hacia tus colegas de trabajo o tu jefe nublen tu buen juicio en el caso de que estén involucrados en la venta ilegal de información corporativa u otras actividades ilegales. Mantén a raya tus debilidades y ten cuidado de no poner a tus amigos y a tu familia por delante de lo que dicta la ley.

SUGERENCIA PROFESIONAL

En una entrevista, prepárate para dar ejemplos específicos que ilustren tus virtudes, como la lealtad, y que muestren a tu potencial empleador el valor que tienen. Procura elegir aquellas que estén más relacionadas con el ambiente de trabajo, pero también es aceptado utilizar ejemplos personales.

HONESTIDAD

Pocas personas discutirían la idea de que los latinos son criados en un ambiente familiar disciplinado y conservador. La idea de hacer lo correcto se le enseña a cada latino muy temprano en la vida. Sin embargo, también es cierto que si se ve empujado a escoger entre hacer lo correcto siguiendo las reglas, o hacer lo correcto siguiendo sus sentimientos personales (y de grupo), la mayoría de latinos escogería lo segundo. Esto es muy diferente de los valores típicos americanos. Norteamérica es un país de leyes—seguramente uno de los países con más leyes que existe. Los americanos valoran la supremacía de la ley por encima de las relaciones personales.

No es exacto decir que los latinos no respetan la ley. De hecho, los latinos son reconocidos por ser ciudadanos que acatan las leyes, y que colaboran con las autoridades siempre que pueden. Sólo cuando se ven forzados a escoger entre los valores familiares y sociales (reglas y leyes), es cuando los latinos tienden a escoger los valores familiares.

Por este motivo, es relevante reflexionar sobre este tema. Es esencial que comprendas el impacto que pueden tener tus acciones, y la imagen que proyectas hacia los que te rodean. Ten en cuenta que la impresión que tienen los demás es para ellos la realidad y que tu éxito dependerá de lo bien que manejes tu imagen.

PRACTIQUEMOS

Recuerda una situación en la que tus valores internos entraron en conflicto con una regla o ley en particular, y cómo manejaste la situación. El objetivo de este ejercicio es que reflexiones acerca de las buenas intenciones que pudiste tener (o que tendrás en el futuro), en instancias como aquella, y el impacto que tendrían tus acciones. Habrá muchas situaciones ambiguas, en que será difícil encontrar la respuesta correcta, pero es vital comprender cómo percibirían tus acciones personas con diferentes valores y orígenes culturales.

Utiliza el siguiente ejemplo como guía

- Situación: Mi colega de trabajo roba material de oficina costoso.
- Tu acción: No la reporto.
- Tu perspectiva: Valoro nuestra relación por encima de una regla.

- Perspectiva alternativa: Este material es para la oficina, así que a mí también me afecta que lo roben. La reportaré al jefe.
- Impacto de tu acción: Estoy reforzando la mala conducta de mi colega y afectando a toda la oficina.
- Otras posibles reacciones y efectos: Hablo con mi colega para explicarle el efecto que tiene su conducta, y le avisaré de que ésta será la última vez que me calle.

- Situación:

_____

_____

- Tu acción:

_____

_____

- Tu perspectiva:

_____

_____

- Perspectiva alternativa:

_____

_____

- Impacto de tu acción:

_____

_____

- Otras posibles reacciones y efectos:

_____

_____

> Recuerda que lo que el mundo ve no es la intención de tus acciones, sino el impacto que tienen. Piensa en cuál era tu intención cuando te comportaste de esa manera. Reflexiona acerca de cuál fue el impacto de tu comportamiento. Finalmente, procura ponerte en el lugar de un norteamericano, y pregúntate cómo hubiera reaccionado él o ella en una situación semejante.

Tú sabes lo que está bien. Has sido criado con valores excelentes. La honestidad entre amigos y familia es un valor con el que creciste. Tener en el trabajo reputación de ser una persona honesta hará que te ganes el respeto de otros, y en última instancia, que progreses. Pero una vez más, sé siempre diligente en cuanto a controlar tus puntos débiles. Descubre el impacto que puede tener el ponerte del lado de tus relaciones personales y sacrificar las reglas y las leyes que están ahí para regular y proteger las relaciones interpersonales. Descubre cómo el concepto que tienen de ti otras personas puede afectar tu vida. Si te consideran una persona que no puede ver claramente la diferencia entre la lealtad y la honestidad, eso limitará drásticamente tus oportunidades de avanzar en tu carrera y en tu vida en general en este país.

Establece metas

La historia de todos los grupos inmigrantes tiene mucho en común, sobre todo cuando se trata de trabajar duro y hacer sacrificios. Todos estos grupos dejaron muchas cosas atrás para poder comenzar una nueva vida en Norteamérica. Iniciar una nueva vida es un gran desafío. Hay que aprender un nuevo idioma y nuevas reglas, todo lo cual implica un gran esfuerzo. Establecer metas es una parte muy importante de la nueva aventura.

PRACTIQUEMOS

Piensa en la primera generación de tu familia que vino a Norteamérica—esas personas especiales, que abrieron camino o consiguieron nuevos objetivos. Intenta visualizarlos en tu mente. Ponte en su lugar. Si no conoces los detalles de su historia, investígalos. Si tú eres esa persona, entonces tendrás que volver a tus propios pensamientos y objetivos de cuando comenzaste a planificar venir a Norteamérica.

El objetivo de este ejercicio es reconstruir una historia de éxito. Efectivamente, abandonar tu país de origen y comenzar una nueva vida es, en sí misma, una historia de éxito. Te marcaste una meta y la alcanzaste. Con toda probabilidad, cuando estudies la historia de tu familia (o la tuya propia), encontrarás que la clave del éxito reside en estructurar tus esfuerzos de manera eficaz.

Una vez que tengas tu historia familiar, responde a las siguientes preguntas.

- ¿Cuáles fueron las metas que ellos (o tú) se propusieron alcanzar?

_____

_____

_____

- ¿Qué hiciste o qué hicieron ellos en cuanto a organización, para alcanzar esas metas?

_____

_____

_____

- ¿Qué sacrificios a corto plazo tuvieron ellos o tuviste tú que hacer, para alcanzar metas a más largo plazo?

_____

_____

_____

> ▪ Piensa en otras preguntas que creas que valga la pena hacerse uno mismo. (Por ejemplo, ¿cómo avanzaron en sus carreras? ¿Encontraron mentores por el camino?)
>
> _____
>
> _____
>
> _____
>
> Utiliza este ejercicio como práctica acerca de cómo establecer pequeñas metas, y cómo encauzar tus acciones hacia la concreción de las mismas.

La ventaja latina, reside, una vez más, en estudiar tu historia y descubrir cómo tus ancestros alcanzaron el éxito, y cómo alcanzaron sus metas. Sus historias así como el recordar tus propios inicios (si fuiste el primero o la primera en llegar a los Estados Unidos) te pueden proporcionar gran inspiración.

EJEMPLO

Vicente recién acababa de recibir su título universitario en finanzas cuando llegó a los Estados Unidos, sin hablar una palabra de inglés. Durante los primeros tres años, limpió casas mientras estudiaba inglés por las noches. Cada vez que se entrevistaba con un potencial cliente, se ofrecía a limpiarle la casa cada dos semanas. Se le ocurrió que así podría cobrar más cada vez que iba y que podría tener mayor número de clientes que si viera a cada uno de ellos todas las semanas. Esto le daría más estabilidad laboral. En tan solo dos meses, ya limpiaba dos casas al día e incluso tenía una lista de espera.

Tú o tu familia establecieron una meta increíblemente difícil, que ya has o han conseguido—venir a Norteamérica. Comprendes que para conseguir una meta, tendrás que hacer algunos sacrificios. Tienes muchas figuras que te pueden inspirar a emularlas. Los latinos

nos sentimos más cómodos cuando establecemos metas amplias, que se puedan modificar fácilmente y cambiar con frecuencia. En cambio, los norteamericanos, aprenden desde una edad muy temprana a planificar objetivos extremadamente detallados y específicos. La estabilidad del entorno promueve esta actitud. Ahora que vives en Norteamérica, recuerda establecer pequeñas metas realizables a las que te puedas adherir y que te conducirán a tus objetivos a largo plazo.

EL RESPETO POR LA AUTORIDAD

La relación de los latinos con la autoridad es muy compleja. Con respecto a los que inmigraron a los EE.UU. siendo jóvenes adultos, sus países de origen continúan ejerciendo una gran influencia sobre ellos. Esto significa que a menudo desarrollan dos grupos de reglas diferentes—cómo funcionan las cosas en Norteamérica, y cómo funcionan en países latinoamericanos. Incluso aunque no conozcas a fondo la historia de tu familia, seguramente sí sabes que las libertades que se pueden disfrutar en Norteamérica no siempre son una realidad en otras partes del mundo. En Latinoamérica en particular, hay una historia de dictaduras y democracias paternalistas, que han contribuido a modelar nuestra visión del mundo. Cuando añades a esta dimensión la importancia de las figuras de autoridad en una familia latina típica,

SUGERENCIA PROFESIONAL

Cuando te entreviste un empleador potencial, espera que le presentes tus planes profesionales bien calculados, y que se hayan ido ejecutando de acuerdo a un calendario. También quiere ver que has tomado decisiones de manera racional y justificada. Es vital que te entrenes para contar tu historia desde este ángulo. Explica tus objetivos de forma clara y asegúrate de poder explicar tus decisiones profesionales. Es bueno mostrar que te adaptas bien a un entorno cambiante, pero el hecho de improvisar constantemente y de tomar decisiones erráticas o movido por las emociones, no proyecta una imagen positiva.

te puedes dar una mejor idea de cómo se estableció nuestra relación con la autoridad.

Los latinos tienen buena reputación en cuanto a que trabajan bien dentro de estructuras jerárquicas. Respetan a la autoridad, generalmente tienden a evitar las confrontaciones, y son buenos siguiendo instrucciones y terminando lo que empiezan. Los latinos generalmente son muy flexibles y esta característica los convierte en buenos jugadores en equipo. Los latinos también son conocidos por su ética de trabajo. Unos de los motivos por los cuales este grupo ha cosechado tantos éxitos en Norteamérica tiene que ver directamente con esta característica. En una enorme y compleja máquina de producir como lo es Norteamérica, los empleadores siempre están necesitando recursos para mantenerla en marcha, y los latinos se han convertido en un componente esencial y muy buscado.

Ejemplo

Ray, oriundo de Ecuador, emigró a los Estados Unidos a principios de los años noventa. En su país de origen, era sobre todo carpintero, pero también hizo algunos trabajos pintando casas, y en la construcción. Vino a los EE.UU. en respuesta a la gran demanda de mano de obra cualificada en la construcción. Desde que llegó acá, ha estado trabajando para una pequeña empresa de construcción. Ray no sólo se ha ganado una excelente reputación por la calidad de su trabajo, sino también por lo fiable que es y lo fácil que es tratar con él. Acepta bien ser dirigido en su trabajo, y es respetuoso con los contratistas, arquitectos y clientes. Para Ray, estas características siempre han formado parte de su persona, pero se ha dado cuenta de que, por lo general, no es el caso en su gremio. También se ha dado cuenta de que está obteniendo más y mejores encargos debido a sus buenos modales y a su respeto por la autoridad.

Sin embargo, este mismo respeto por la autoridad se puede llevar a extremos, y entonces se convierte en sumisión. Esta característica no es deseable para nadie que viva y trabaje en Norteamérica, donde los derechos del individuo son de gran importancia. Además, ser demasiado sumiso con la autoridad, le resta mucho al valor que los latinos ponemos sobre la mesa. Es posible expresar las opiniones propias, e incluso estar en desacuerdo con otro, de forma respetuosa. Recuerda que la diversidad de opiniones enriquece una organización, ya que ofrecen soluciones alternativas a los problemas y maneras creativas de abordar viejas ideas.

EJEMPLO

Jason es asistente legal en un bufete de abogados de tamaño mediano, de Nueva York. Todo el mundo valora la calidad de sus contribuciones y lo duro que trabaja. También saben que estudia para su título de abogado por la noche, y que tiene más conocimientos que el asistente legal medio dentro del grupo. Sin embargo, Jason no está tan contento. Piensa que podría aportar más (sobre todo ahora que está próximo a obtener su título), pero encuentra muy difícil expresar sus opiniones. A menudo, cuando trabaja con algunos de los abogados con menos experiencia, él ve los errores que cometen, y los puntos críticos que a veces pasan por alto cuando tratan con clientes, pero no se atreve a decirlo. En su interior, piensa que sería inapropiado que él les señalara sus errores porque ellos son abogados y él no.

Si estudiamos las raíces del conflicto de Jason, comprenderemos sus temores. Nació en los EE.UU. de padres mexicanos, que emigraron en los años sesenta. A pesar de que todos ellos se consideran completamente americanos, sus interacciones familiares todavía se ven regidas por sus viejas tradiciones. El padre de Jason es una figura autoritaria, y Jason aprendió desde muy joven la importancia de la jerarquía, y que los roles se deben respetar. Aunque Jason sabe que en Norteamérica las cosas son bastante distintas, todavía no ha encontrado la manera adecuada de abordar estas situaciones.

Es posible que te hayas sentido como Jason en algún momento u otro. Hay ocasiones en las que algo que te enseñaron cuando eras niño no se aplica al mundo en el que vives. Ten en cuenta que, sin importar de donde eres, el modo en que te educaron desde la infancia te influye y desaprenderte de las enseñanzas que ya no te sirven requiere tiempo, esfuerzo y práctica.

PRACTIQUEMOS

Piensa en una situación en la que tu educación entró en conflicto con la forma de hacer las cosas en Norteamérica. Por ejemplo, es posible que tú te dirijas a tu jefe con mayor formalidad de lo que es habitual acá, o bien que saludes a tus colegas en una fiesta de empresa mediante un beso en la mejilla, como hacen muchos latinos. Ahora piensa cómo se hacen aquí esas cosas, y compara ambas. ¿Cómo te afecta esa diferencia?

El ser excesivamente formal puede retrasar el establecer una relación productiva con tu jefe, o bien que te sientas menos cómodo expresándole tus ideas. En la fiesta de la empresa, tocar a otros cuando hablas, o besarlos podría hacer que los norteamericanos se sientan incómodos o que piensen que has invadido su espacio personal.

■ ¿Cómo abordas estas distintas situaciones ahora? Enumera tu estrategia y plan de acción.

_____

_____

_____

_____

_____

CONÓCETE

El respeto por la autoridad es un tema difícil de abordar. Esto no significa que los latinos no se manejen bien dentro de un entorno democrático, o que respetar la autoridad del padre de familia no sea un valor apropiado. Más bien, las tradiciones que forman parte de tu origen cultural te ofrecen experiencias, tanto buenas como malas, que te pueden fortalecer, y hacer que seas más eficaz dentro de una sociedad diferente de la tuya, como lo es la norteamericana.

El hecho de que respetes a la autoridad te convierte en un buen empleado porque sabes seguir instrucciones sin sentir la necesidad de cuestionar excesivamente los motivos de cada orden que recibes. Cuando te asignan una tarea generalmente puedes ponerte a trabajar de inmediato.

En el siguiente ejemplo, verás que, como estás acostumbrado a la importancia que tiene la autoridad en cualquier estructura organizada, has logrado ser muy creativo y una persona de recursos cuando se trata de cuestionar el estatus quo. La historia de

SUGERENCIA PROFESIONAL

Es esencial que planifiques y redactes tu mensaje cuidadosamente cuando propongas una nueva estrategia. No te frustres si te toma varios intentos antes de poder conseguir que los demás vean las cosas desde tu perspectiva. Además, sin importar cuán jerárquico sea tu lugar de trabajo, mientras seas respetuoso y tengas un plan bien presentado de lo que pides o propones, no deberías tener problema alguno.

Emilio es un claro ejemplo de alguien que sabe resolver problemas de manera creativa y positiva. Además, verás en este ejemplo cómo tu naturaleza cooperativa, añadida a tu respeto por la autoridad te convierte en un gran jugador de equipo dentro del entorno laboral.

EJEMPLO

En la industria periodística, las compañías rara vez pueden expandirse en el cuarto trimestre, ya que es la época del año en la que se está acabando el dinero del presupuesto para publicidad.

Sin embargo Emilio, el director de noticias de la estación local de una gran empresa noticiera hispana, quería expandirse para acabar el año con una acción positiva. Sabía que se metería en líos, ya que sus jefes podrían pensar que no comprendía el negocio, a menos que fuera capaz de poner en marcha el plan con un planteamiento innovador. Creó cinco nuevos segmentos de cinco minutos cada uno, que ofrecerían la información meteorológica y sobre el tráfico local, dentro de la programación noticiera nacional de la mañana. Emilio encontró un anunciante por segmento, para cubrir el costo, y consiguió tener dos anunciantes más en lista de espera. Ahora podía comenzar de cero, sin costos ni pérdidas iniciales. Saber cómo sacar el mayor partido de recursos limitados—algo que muchos latinos han aprendido en sus países de origen - es algo que se debe poner en práctica en el trabajo. Esto permitió que Emilio discrepara con cómo se habían hecho hasta entonces las cosas, a la vez que ofrecía soluciones que apoyaran su punto de vista.

Tu relación con la autoridad tiene un efecto positivo en el trabajo. Eres capaz de seguir direcciones, y trabajas bien en equipo. Sin embargo, ten siempre en mente que tu experiencia con figuras de autoridad pueden haber resultado en una tendencia a la sumisión. Debes mantener a raya este rasgo, ya que no es valorado en Norteamérica.

LA NECESIDAD DE COMPLACER

Ser leal y poder trabajar con eficacia dentro de un entorno jerárquico requiere ser fiable como primera clave. Sin embargo, seguramente conoces bien el estereotipo de que los latinos no son de fiar. El motivo es que, a veces, algunos aspectos de nuestra cultura contribuyen a crearnos una mala reputación.

Considera la siguiente idea. Generalmente hablando, los latinos no se sienten cómodos con las confrontaciones (y mucho menos cuando es con el jefe). Los latinos, por naturaleza, prefieren buscar la manera de complacer a los demás antes que defraudarlos. Este es uno de los motivos por los que los latinos tienen éxito en empleos que implican trato con el cliente. Por eso, a menudo, incluso cuando es sabido desde el principio que será muy difícil complacer a un cliente o un jefe, los latinos evitan dar la mala noticia hasta que seguramente es demasiado tarde. El siguiente ejemplo ilustra este punto.

EJEMPLO
Cuando Richard llamó a la señora de la limpieza, Analía, y le preguntó si podría limpiar su departamento el sábado en la mañana, antes de un almuerzo que se celebraría en su casa, Analía dijo que llegaría a las 10 de la mañana. A las 11, no había aparecido ni tampoco había llamado por teléfono y Richard se impacientó ya que sus invitados iban a llegar a las 12:30. Empezó a limpiar él mismo y en eso estaba cuando llegó Analía, a las 11:45. Analía explicó que tenía otros dos clientes el sábado, pero que también quería ayudar a Richard. Eso

mismo se lo pudo haber dicho por teléfono a Richard, quien hubiera tenido tiempo de remediar la situación de otra manera. Analía pensó que estaba ofreciendo un excelente servicio, procurando atender a todos sus clientes, pero no se percató del impacto de su actitud. Finalmente, no sólo no había ayudado a Richard, sino que él se había enfurecido tanto que seguramente lo perdería como cliente.

Este sencillo ejemplo puede dar la impresión de que algunas ocupaciones tienen una mayor concentración de personas de poco fiar. Sin embargo, en términos generales, las ocupaciones que requieren contacto directo con los clientes y donde se percibe una gran distancia entre jefes y empleados, decir "no" resulta un poco más difícil.

Ejemplo

Lisa ha accedido a la petición de su amigo Mario de que pruebe sus servicios de imprenta. Ella trabaja en una empresa sin fines de lucro que imprime muchos anuncios y folletos y Mario lleva tiempo pidiéndole que pruebe los servicios de su compañía. Lisa necesitaba tener 1000 invitaciones impresas en siete días, a partir del viernes, y le hizo el encargo a Mario. Mario aceptó el trabajo, asegurándole a Lisa que lo tendría listo a tiempo, cuando él sabía que tenía varios trabajos atrasados, que también eran urgentes. No pudo terminar el encargo de Lisa a tiempo. No se lo hizo saber con antelación, y ella falló su fecha de entrega.

Esta actitud quizá sea de las más difíciles de modificar. Como ya dijimos, a los latinos en general, no nos gusta el conflicto y queremos agradar a los demás, algunas veces diciéndoles lo que quieren escuchar. Mientras que esto hace que los latinos sean personas muy agradables, y quizá contribuya a su éxito en América, ten en cuenta que en este país, ser fiable es más valorado que ser agradable. Si los demás piensan que eres agradable pero saben que no pueden confiar en ti, no avanzarás mucho en tu carrera. Si aprendes a establecer expectativas de antemano y eventualmente a decir "no" de una manera diplomática para que no entre en conflicto con tu estilo propio, obtendrás una ventaja importante.

PRACTIQUEMOS

Piensa en al menos tres situaciones en las que, retrospectivamente, deberías haber dicho no, o bien deberías haber dado desde el primer momento información diferente de lo que la otra persona esperaba escuchar.

■ ¿Cuál fue la situación?

_____

_____

_____

■ ¿Cuál era tu intención cuando dijiste sí, o estableciste unas expectativas por encima de lo que era realmente viable?

_____

_____

_____

■ ¿Cuál fue el impacto? (¿La otra persona se sintió defraudada, malhumorada, etc.?)

_____

_____

_____

■ Mirando hacia atrás, ¿qué cambiarías? (Incluso si comprendes el impacto negativo derivado de no decir no, algunas situaciones son muy difíciles de enfrentar. Con la práctica, te resultará cada vez más fácil.)

_____

_____

_____

Pasa la semana próxima observando cómo tú y otros latinos a tu alrededor evitan decir no cuando sería mejor o incluso adecuado hacerlo.

Durante los próximos días, practica decir no a sencillas peticiones, incluso a pesar de que realmente pudieras cumplirlas. Por ejemplo, un colega te pide que te hagas cargo de responder el teléfono durante la hora del almuerzo. Di algo tipo: "Lo siento. Tengo un compromiso durante el almuerzo. No podré hacerlo."

Tendrás que practicar hasta acostumbrarte, pero una vez que domines la capacidad de decir no sin sentirte culpable (o sin sentir que no estás siendo agradable o que defraudas a otra persona), sentirás menos estrés y lo cierto es que defraudarás menos a los demás. Si tienes un empleo de contacto directo con el público, seguramente perderás menos clientes. Si practicas con tu jefe, ganarás muchos puntos cuando él se de cuenta de que cumples con tu palabra y que se puede fiar de ti cuando estableces un compromiso.

SUGERENCIA PROFESIONAL

Comunícales siempre a tus jefes, colegas o subordinados cuando no vayas a poder cumplir una fecha de entrega. Es posible que se sientan defraudados, pero en cualquier ambiente de trabajo hay más flexibilidad para postergar una fecha de entrega (si se sabe con suficiente antelación que habrá que retrasarla) que tener que lidiar con la sorpresa de que algo no ha sido terminado a tiempo.

PERFIL
Ernesto Schweiker—La voz del huracán

Ernesto Schweiker llegó a Nueva Orleans en 1970 desde Guatemala, sin hablar una palabra de inglés. Hasta este día, se lamenta de no haber llegado jamás a dominar la lengua, lo cual cree que le hubiera abierto muchas más puertas y le hubiera dado mayores oportunidades.

Aun así, la historia de Ernesto es muy singular. Comenzó en la parte doméstica de la industria turística, vendiendo tours de Nueva Orleans, pero debido a que la mayoría de los clientes no comprendían que no era agente de viajes, seguían pidiéndole que les vendiera boletos.

Su esposa de entonces le sugirió que aprovecharan la oportunidad, abriendo una agencia de viajes y así lo hicieron. El primer año vendieron trescientos boletos. Entonces, Ernesto decidió mejorar sus oportunidades anunciándose en Radio Tropical, la emisora radial más antigua de Nueva Orleáns. En el transcurso de un año sus ventas aumentaron de trescientos pasajes a siete mil.

Tras vender boletos en la radio durante muchos años había establecido una excelente relación comercial con la dirección, de modo que tampoco fue algo desorbitado cuando un día el director que le vendía el espacio comercial le dijo que ya no iba a venderle este espacio—porque había decidido venderle la emisora. El director temía que al venderla a un tercero, la emisora cambiaría de formato y ya no emitiría en español, de manera que le pareció algo natural abordar a su mayor cliente.

Sin saber casi nada acerca del negocio de la radio, pero entusiasmado con la oportunidad, y con la gran responsabilidad de salvar la emisora radial latina, Ernesto decidió aceptar el reto. Tomó un avión a Guatemala y pidió un préstamo a su familia, que devolvió poco a poco a lo largo de los años siguientes.

En el 2005, cuando la ciudad entera de Nueva Orleáns era evacuada debido al huracán Katrina, este hombre tenaz, se negó a marcharse hasta que absolutamente todos los oyentes hubieran sido evacuados. También fue uno de los primeros en volver, después de ubicar el único generador disponible en el área; viajó ochocientas millas para recogerlo. Se trataba de un pequeño generador y sólo tenía potencia suficiente para arrancar el transmisor. Si prendían alguna luz, la transmisión se interrumpía. Trasmitieron durante días sin electricidad y sin agua para que las familias en Latinoamérica pudieran recibir noticias acerca de sus familiares en Nueva Orleans.

Ernesto habla de aquellos tiempos difíciles como si lo que él hizo fuera lo más natural del mundo. Él estaba allí para cumplir una misión y ningún obstáculo le pareció demasiado grande para ser superado. Su trabajo duro, motivado por sus honrados valores, dio su fruto. Poco después, los negocios volvieron a Nueva Orleans e iniciaron una fuerte campaña de anuncios en Radio Tropical buscando trabajadores que ayudaran a reconstruir la ciudad.

¿Qué empujó a este hombre a realizar tal acto de fe? Sin duda tiene que ver con sus valores y su perseverancia. Siempre se ha visto motivado a hacer lo correcto y también sabe que, si se empeña, puede tener éxito en cualquier empresa que se proponga, ya sea vender boletos o dirigir una emisora de radio.

Se había acostumbrado a salvar obstáculos. Después de todo, los había encontrado a lo largo de su vida en los EE.UU. cuando, al no dominar el idioma, se veía limitado y no podía progresar en otras áreas. Cuando se le pregunta qué hubiera hecho de manera diferente si entonces hubiera sabido lo que sabe ahora, Ernesto no duda. Hubiera planificado su trayectoria; hubiese proyectado su ambición porque "en este país", dice, "eso es posible. No hay necesidad de actuar por impulso". Como es el caso de la mayoría de las personas exitosas, Ernesto tiene varios rasgos que ha utilizado a su favor. Fue lo suficientemente flexible como para probar diferentes ocupaciones aunque implicara aprender algo desde cero; fue capaz de tolerar situaciones incómodas y de utilizar su creatividad para superarlas; trabajó duro toda su vida; es valiente; y tiene un fuerte sistema de valores que siempre lo ha guiado en sus decisiones.

4

LA CAPACIDAD DE ESTABLECER RELACIONES ESTRECHAS Y DE LEALTAD

Hay tres rasgos clave para establecer relaciones estrechas y de lealtad—empatía (la capacidad de conectar con los sentimientos de otros y situaciones ajenas), un sistema eficaz para establecer redes de contactos, y una buena cooperación. Como latino, tienes una capacidad innata para establecer este tipo de relaciones. En el siguiente ejemplo, conocerás a Jessie, y tendrás la oportunidad de ver en acción el impacto de estos rasgos.

EJEMPLO

Un día, Pedro se encontró varado en el aeropuerto de La Guardia durante una tormenta de nieve. Había llegado muy temprano a la mañana, y se enteró de que su vuelo a Florida había sido cancelado. El aeropuerto era un desastre. Había gente caminando de un lado a otro intentando obtener información, e interminables filas de pasajeros que intentaban conseguir un taxi para volver a la ciudad. Afortunadamente, Pedro se encontró con John, su jefe, quien le ofreció llevarlo de vuelta a la ciudad en el auto que venía a recogerlo.

Esperaban afuera, cuando Pedro vio a un hombre grandote bajándose de un auto de lujo negro, sonriendo y sujetando dos vasos de café. Era Jessie, el conductor que John utilizaba cada vez que necesitaba transporte. Jessie solía trabajar para una empresa más grande que suministraba servicios de transporte para la oficina de John, pero Jessie ofrecía un servicio tan bueno, que muchos de los clientes pedían expresamente que fuera él cuando hacían una reservación a través de la centralita. Un día, Jessie decidió establecer su propia compañía de transporte en auto de lujo, y con el apoyo de algunos de sus anteriores clientes, junto con los nuevos clientes que le venían referidos, había conseguido ir creciendo lenta pero consistentemente. De hecho, había sido tan eficaz a la hora de establecer relaciones productivas, que su anterior jefe también lo recomendaba cuando necesitaba ayuda extra.

Después de unos momentos, Jessie, que es de Colombia, se dio cuenta de que Pedro hablaba español. Para cuando Pedro se bajó del auto, ambos habían conversado sobre sus respectivas vidas. Jessie le dio a Pedro una tarjeta y enseguida pasó a ser su transportista preferido.

El secreto de Jessie—uno que comparten la mayoría de latinos, incluso cuando no son totalmente conscientes de ello—es que es muy eficaz cuando se trata de establecer relaciones fuertes y leales. Ha practicado esta habilidad no sólo con sus clientes, sino también con anteriores jefes, con los conductores a los que contrata, y con los mecánicos y concesionarios de autos con quienes tiene trato comercial. La historia de Jessie ilustra algunas de las actitudes que hacen que sea exitoso en su profesión.

Tú mismo sabes, ya sea por experiencia personal, o por las historias que contaban tus padres o abuelos, que la empatía, la capacidad de relacionarse, y una estrecha cooperación son componentes claves cuando se trata de establecer relaciones leales. Estas actitudes y capacidades tienen mucho significado en tu país de ascendencia. Es cierto que en Latinoamérica, hubiera sido imposible alcanzar meta alguna sin estas habilidades. Sin embargo, puede parecer que en el entorno mucho más estructurado y organizado de la Norteamérica corporativa, donde todo es mucho más previsible y donde el sistema funciona (casi) sin fallas, no hay necesidad de hacer uso de tu capacidad de cooperación. Después de todo, Norteamérica tiene la tradición de convertir al individuo en el centro de atención, y el éxito siempre se considera un esfuerzo individual.

Esta combinación de un mundo movido por la tecnología y el sistema eficiente e impersonal norteamericano te puede dar la falsa impresión de que hay una menor necesidad de relaciones personales estrechas. Sin embargo, tu meta es aprender la importancia de poner en práctica actitudes que hagan que los demás sientan una mayor afinidad y confianza hacia ti.

Como latino, tienes una ventaja cuando se trata de hacer esto. Ya has aprendido esta habilidad desde niño. Sabes establecer relaciones con otras personas: tienes una capacidad innata para conectar con su lado emocional.

EMPATÍA

Escuchar y mostrar empatía con otros es una capacidad natural para los latinos. Los latinos se ponen en el lugar de otro con facilidad. Por eso encajan tan bien en trabajos que implican trato con otras personas, como en el sistema de salud, la industria alimenticia, y en general, en cualquier trabajo que los ponga en contacto con el público.

EJEMPLO

Regina es enfermera en un centro de salud comunitario. Un día, llegó una mujer embarazada al departamento de ginecología y obstetricia para ver a una comadrona. La paciente, Lindsey, era una americana que podía comunicarse fácilmente con el personal médico. Sin embargo, durante la revisación médica, Regina advirtió que Lindsey estaba tensa así que se tomó un tiempo para hablar con ella después de dicha revisación. Cuando estaban solas, le preguntó si todo iba bien en la casa y si quería compartir alguna preocupación que pudiera tener. Percatándose de la calidez de Regina, Lindsey se relajó un poco y compartió con Regina que iba a ser madre soltera y que le aterrorizaba su futuro. Regina la calmó y ofreció ponerla en contacto con un grupo de apoyo para madres solteras. También le dio el nombre de la trabajadora social de la clínica, con quien Lindsey podría hablar de los momentos duros que se le avecinaban. Poniendo atención a la comunicación no verbal de la paciente, Regina hizo que se sintiera lo suficientemente cómoda como para compartir información privada. Eso, a su vez, permitió a Regina ayudar a la paciente como no lo hubiera podido hacer de no haber utilizado su capacidad para escuchar.

CÓMO ESTABLECER REDES DE CONTACTOS EFICACES

Las redes de contactos o networking, como lo comentamos en esta sección, no es lo mismo que el networking dentro de un entorno corporativo y profesional. Aquí, nos centramos en la forma en que los latinos se apoyan entre si y muestran ese apoyo recomendándose mutuamente a otros hermanos latinos.

¿Qué hace la gente cuando pone énfasis en las raíces latinas de aquellos a quienes recomiendan para diferentes trabajos? Mientras que hablan de relaciones ya establecidas, además están avalando a su referencia. Están diciendo: "Conozco a estas personas, comparten nuestros valores, y trabajarán duro para usted porque quieren preservar su relación conmigo, y a su vez, con usted en el futuro." Se trata de cooperar, y es a través de la cooperación con los demás que se establece una fuerte red de contactos. Tú ayudas a otros y en el futuro ellos te ayudarán a ti. Esta es la manera en que aprenden a comportarse todos los latinos, ya sea en sus países de origen o a través de sus mayores. Aunque los latinos en general son bastante eficaces cuando se trata de construir relaciones y establecer redes de contactos, hay ciertos aspectos del networking que funcionan de manera diferente en los EE.UU. Los latinos se sienten muy cómodos dentro de su círculo cultural (que incluye a la familia y los amigos), pero su eficacia disminuye a medida que se apartan de su círculo.

EJEMPLO

Carlos, quien había llegado a los EE.UU. tan solo un año antes desde México, fue a una fiesta de navidad con su novia, Andrea, que llevaba quince años en el país. Mientras Andrea hablaba con diferentes personas, Carlos vio que intercambiaban tarjetas de visita. La llevó a un lado y le mostró con vehemencia su desacuerdo con esta práctica. "¡Este es un evento social! No debes estar intercambiando tarjetas de visita con estas personas. Es de mal gusto". Su novia se sorprendió. Había olvidado que esto no se hace en Latinoamérica. Sonrió y explicó que en los EE.UU. en una fiesta está completamente aceptado establecer contactos.

Aprender a establecer redes de contacto fuera de tu círculo familiar y de amigos es importante si quieres conseguir el éxito en

Norteamérica. El capítulo 8 está dedicado más a fondo a la diferencia entre el networking comunitario latino y el networking norteamericano, pero por ahora, recuerda que al recomendar a personas de origen latino lo haces por naturaleza. Comienza a expandir tu red de contactos más allá de la comunidad latina, para así abrirte a otras oportunidades.

Una colaboración estrecha

Los latinos intentan ayudarse unos a otros, pero como explica el capítulo 3, la mayoría reserva ese esfuerzo especial para sus amigos y familiares, y tratan de estar presentes cuando este grupo selecto los necesita. Es posible que una sociedad que se apoya menos sobre las relaciones personales, como la norteamericana, haya contribuido a que los latinos sean más reservados y estén menos inclinados a conectar con grupos que estén fuera de su círculo más íntimo.

El desafío (y la Ventaja Latina) es que comiences a apoyarte sobre tu capacidad de colaboración, y que la pongas a trabajar fuera de tu propia comunidad. Eres colaborador por naturaleza. Para aprovechar completamente tu capacidad de colaboración, ofrécela fuera de tu círculo de familia y amigos.

Ejemplo

María trabaja como gerente de una oficina, y ha vivido en un departamento en el mismo condominio durante los últimos cinco años. Tiene una personalidad amigable, y conoce a algunos de sus vecinos, pero sólo porque en ocasiones se cruza con ellos en la entrada del edificio, o en el ascensor. Una de sus vecinas, que vive en el mismo piso que ella, tuvo un bebé recientemente, y parecía tener dificultades en adaptarse a la nueva situación. Cada vez que María se cruzaba con ella la veía muy cansada y nerviosa.

Aunque María todavía está soltera, proviene de una familia numerosa y está acostumbrada a tratar con niños. Un día, subiendo en el ascensor con su vecina, María le dijo que se sentía mal por ella, ya que era obvio que no dormía suficiente. Compartió con ella algunas de sus experiencias con sus sobrinas y sobrinos y también se ofreció a cuidar al bebé. El resultado fue que hizo una nueva amiga en el edificio, y que ahora tenía a alguien en quien confiar en caso de necesidad. Un par de semanas más tarde, su vecina compartió con ella información acerca de algunas oportunidades de trabajo interesantes en una compañía en la que María siempre había querido trabajar.

ORÍGENES DE LA CAPACIDAD LATINA PARA ESTABLECER RELACIONES

La mayoría de los países latinoamericanos comparten algunas similitudes especialmente en comparación con los EE.UU. No importa de qué país de Latinoamérica en particular seas tú o sean tus ancestros, seguramente se trata de un lugar en el que las instituciones y las reglas de la ley no son prioridades.

Por lo general, las reglas cambian una y otra vez, es muy difícil confiar en los servicios que proporciona el gobierno y el futuro siempre contiene una alta dosis de incertidumbre. Por ejemplo, nunca sabes cuándo habrá una huelga de transporte; los gobernantes ajustan el valor de la moneda a su antojo, y es difícil hacer planes a largo plazo.

¿Y qué queda cuando todo lo demás está en tela de juicio? Tu familia, tus amigos, tus vecinos y tu comunidad. Por eso todos los latinos aprenden desde temprana edad que cuando hay escasa estructura en un país, la única manera de subsistir y avanzar es apoyarse y confiar en las personas que conoces, y hacer el esfuerzo de confiar incluso en aquellos que no conoces. Debido a que hay una necesidad mutua, esas relaciones perduran en el tiempo, y eventualmente se convierten en el aspecto más importante de la vida.

Claramente, este tipo de sistema tiene un precio. La confianza y la colaboración no siempre garantizan el mejor resultado. Las personas son poco predecibles, y ser una persona que confía demasiado en los demás puede traer dolorosas consecuencias. Sin embargo, es un bajo precio el que se paga a cambio de obtener ayuda extra para sobrevivir, progresar y tener éxito.

Ahora, compara eso con un sistema que funciona con eficacia. Incluso con todas sus fallas, el sistema norteamericano ofrece estabilidad. La ley es una constante, y las instituciones suministran los servicios para los que fueron designados. Por ejemplo, puedes enviar tus pagos por correo postal, porque la oficina postal funciona, las carreteras generalmente están en buen estado, y los trenes salen puntuales. No es por lo tanto una sorpresa que este sistema se apoye menos en las relaciones personales. No hay necesidad de tomar riesgos con personas a las que no conoces bien, aunque esto resulte en algo más impersonal. Por ejemplo, ¿por qué ir a un café que no conoces cuando puedes ir a Starbucks? Sin duda, el sistema más exitoso y eficiente es el que tiene instituciones sólidas, y que está regido por la ley. Por lo tanto, tendrás que hacer el esfuerzo de apoyar este sistema. Esto parece ser lo que han hecho la mayoría de los latinos que inmigraron a los EE.UU. al convertirse en ciudadanos de bien que acatan las leyes. Algunos, sin embargo, han realizado tal esfuerzo para encajar en el nuevo sistema, que se han olvidado muchos de los rasgos, tanto aprendidos como innatos, que son típicos de sus raíces, malgastando como consecuencia aquello que les proporcionaría una gran ventaja sobre el resto de la población.

Sabiendo que el sistema en Norteamérica es diferente que en la mayoría de los países latinoamericanos, debes mantener a raya tus puntos débiles. Cuando se trata de relaciones humanas, hay un estereotipo de que los latinos tenderán a sostener las relaciones personales por encima de lo que dictan las reglas o incluso la ley. La gente también tiende a pensar que los latinos a veces se aprovechan de esas relaciones estrechas, y pueden llegar a ser menos fiables. Mientras que esta actitud era una necesidad en tu país de origen, en Norteamérica, donde las instituciones funcionan bien y acatar la ley es prioritario, los latinos se pueden ver envueltos en problemas si no se adaptan y no obedecen las leyes.

EJEMPLO

Hace muchos años, Albert acudía a un programa de entrenamiento con un grupo mixto de nuevos inmigrantes latinos y norteamericanos. Durante una de las actividades, el instructor preguntó: "Si supieras que tu hermano hizo algo mal (y no hablo de un crimen capital ni nada parecido), ¿lo reportarías o no?" Albert recuerda que los latinos se miraron entre sí con un gesto de sorpresa, obviamente pensando: "¿Este hombre es tarado o qué? ¿Qué tipo de pregunta es esa?" Al mismo tiempo, uno de los participantes norteamericanos dijo sin dudar: "¡Naturalmente! Debe asumir la responsabilidad de lo que hizo". Albert advirtió que el salón estaba dividido en cuanto a opiniones, y que a los latinos se les veía como un montón de ingobernables que protegerían las relaciones personales por encima de la ley.

Aunque este ejemplo podría sonar extremista, y muchos americanos no pensarían en reportar a sus hermanos, la verdad es que para los latinos, cualquier tipo de situación similar no estaría abierta al debate—las relaciones son muy importantes y la ley lo es menos. Otro problema que pueden enfrentar los latinos tiene que ver con cruzar los límites de la profesionalidad cuando se encuentran demasiado cómodos en sus relaciones con los demás.

Ejemplo

Volvamos a Jessie, mencionado en los ejemplos del capítulo 4, que se convirtió en el método preferido de transporte de Pedro cuando éste requería un servicio en auto de lujo. Una noche, Pedro volvía de Dallas en un vuelo que habitualmente aterriza en el aeropuerto de La Guardia sobre la medianoche. En esta ocasión, el vuelo se retrasó y llegó alrededor de las 2 de la madrugada.

Cuando Pedro se bajó del avión, le sorprendió un poco no ver a Jessie en la Terminal, y lo llamó a su teléfono celular. Jessie respondió somnoliento y le pidió mil disculpas. Cuando Pedro le preguntó qué debía hacer dada la situación, Jessie le sugirió que tomara un taxi. Te puedes imaginar el enojo de Pedro.

Nunca aclararon si Jessie olvidó recoger a Pedro, o si simplemente abandonó el aeropuerto cuando se enteró del retraso del vuelo. También a Pedro le resultó incomprensible que Jessie no se ofreciera a levantarse de la cama e ir a recogerlo. Lo que sí le quedaba claro a Pedro era que, últimamente, Jessie había empezado a sentirse demasiado cómodo con él. Como lo llevaba al aeropuerto y de vuelta a casa, casi todas las semanas, Jessie seguramente lo consideraba un amigo, un hermano latino que pasaría por alto un pequeño error. Pedro lo pasó por alto, pero el error sí tuvo consecuencias—Pedro ya no se sentía tan inclinado a recomendar a Jessie a algunos de sus colegas americanos. Sí, Jessie continuó proporcionando un buen servicio, pero su fiabilidad se puso en tela de juicio.

Tu capacidad para crear y fomentar relaciones personales es crucial para que alcances el éxito. Tienes esta capacidad de manera innata y debes usarla todo lo que puedas. Sin embargo, como profesional de la fuerza laboral norteamericana siempre debes recordar no aprovecharte de la relación personal que mantengas con alguien para zafarte de compromisos, pensando que tus hermanos latinos—o tus buenos amigos americanos—serán comprensivos. Aprende a decir que no a esos compromisos que no puedes atender, antes de que sea demasiado tarde para retractarte con elegancia.

SUGERENCIA PROFESIONAL

Asegúrate, incluso cuando tratas con otros latinos, que comprendes el nivel de formalidad, o de informalidad, de cada relación. Habrá personas (latinas y no latinas) que serán muy amigables e informales cuando se trata de hablar de cosas mundanas y que adoptan un trato más formal cuando abordan temas laborales o profesionales. Toma en cuenta que cada individuo tiene una manera diferente de demarcar su umbral de formalidad. Sobre todo, recuerda que ser amigable nunca debería hacer peligrar tu profesionalidad.

NO TE LO TOMES EN FORMA PERSONAL

Una cosa más a tener en cuenta en cuanto a establecer relaciones eficaces, tiene que ver con establecer límites entre tu vida personal y laboral. Recuerda el ejemplo de Marisol en el capítulo 2, la mujer que fue enviada a un entrenamiento especial de servicio al cliente por hablar demasiado alto por teléfono sobre temas personales en la mesa de recepción. Pensó que sus supervisores no apreciaban su trato amable hacia los pacientes, cuando el problema tenía que ver con una falta de saber establecer límites.

Debido a la extraversión y facilidad para establecer relaciones entre latinos, muchos no hacen una distinción entre temas privados y profesionales. Incluso cuando ser auténticamente amigable es el secreto de los latinos en todas las industrias relacionadas con el trato directo con el cliente, hay situaciones en las que esta falta de demarcación de límites puede ser un problema. Este rasgo puede llevarte a tomar los problemas laborales en forma personal.

EJEMPLO

Lidia es productora de un programa de radio. Susana, autora de un libro de reciente publicación sobre un tema clave para los latinos, la contactó para saber si Lidia quería entrevistarla para su programa. Lidia aceptó gustosamente, ya que sabía que sus oyentes estarían encantados de escuchar a Susana hablar acerca de este importante tema. Aclaró que no se podría mencionar el título del libro ya que se consideraría demasiado comercial. Sorprendida, Susana explicó que había sido invitada a varios programas de radio, y que así era como se presentaba a expertos al público—como los autores de tal o cual libro. Lidia se ofendió porque intuyó que era acusada de no saber tratar a los expertos, y rechazó a Susana. Al tomar personalmente el comentario, perdió la oportunidad de tener una invitada en su programa que hubiera proporcionado un interesante contenido para su público.

La cultura latina es emotiva por naturaleza. Por este motivo, tenemos que ser realmente muy conscientes de cómo manejamos esas emociones. En Norteamérica hay una delimitación más clara entre tu vida personal y laboral. Las relaciones de trabajo—incluso cuando son amistosas- son claramente eso: de trabajo. Para tener éxito en este país, hay que aprender esta importante lección.

El siguiente ejercicio te ayudará a practicar no tomar personalmente los comentarios hechos en un contexto profesional, y también hará que seas más consciente de cuando otras personas se toman las cosas de forma personal. Si entiendes lo que les pasa por la mente a los que hacen ese tipo de comentario, podrás ajustar tu estilo para mejorar la situación.

PRACTIQUEMOS

Piensa en alguna instancia en la que permitiste que tus emociones te controlaran durante lo que debería haber sido una simple transacción profesional. (Por ejemplo, pediste a un colega que revisara tu trabajo y que te diera su opinión, pero luego te ofendiste cuando te dio sus comentarios.)

- ¿Cuál fue la situación?

_____

_____

- ¿Qué fue lo que hizo que cruzaras la línea y lo tomaras como algo personal? (¿Lo sentiste como un ataque personal? ¿Te pareció que fue dicho de manera demasiado directa?)

_____

_____

- ¿Qué oportunidad se perdió debido a este cambio de enfoque hacia lo personal? (¿Desaprovechaste comentarios que podrían haber mejorado la calidad de tu trabajo?)

_____

_____

- Mirando atrás, ¿qué podrías haber hecho de forma diferente? (Por ejemplo, si alguien te hace una crítica severa, puedes decirle cómo te sientes, o bien puedes pedir a un tercero que revise los comentarios y que evalúe si son válidos si crees que estás demasiado cercana a la situación como para hacer una valoración imparcial.)

_____

_____

Es importante que reflexiones sobre estas situaciones y que comprendas claramente el impacto de tus acciones. Toma siempre en cuenta que con respecto a los estereotipos, siempre hay alguna persona que está esperando que se confirmen sus ideas preconcebidas e incluso sus prejuicios. Utilizar a otras personas como modelos a seguir te ayudará a ver la situación desde otra perspectiva.

Para recapitular, por un lado, tu capacidad para desarrollar relaciones estrechas y leales y de colaborar con otras personas y establecer redes de contacto eficazmente, te proporcionan una ventaja dentro del sistema americano. Por otro lado, sin embargo, para tener éxito en los Estados Unidos, debes tomar en cuenta todo lo que está en juego cuando pones las relaciones personales por encima de la supremacía de la ley. También tienes que honrar tus compromisos. La mejor manera de adquirir este balance es aprender a decir no cuando sea necesario, y aprender a decirlo de tal manera que no se dañe la relación. También deber asegurarte que no te tomas las cosas personalmente cuando son de naturaleza profesional. Es posible que estés rechazando oportunidades o cerrando puertas que podrían ser muy difíciles de abrir de nuevo.

Perfil
Teresa Mlawer—Aún la número uno después de tantos años

Pregunta a cualquiera a quien le interesen los libros en español si conocen Lectorum Publications, y lo más probable es que así sea. Conocer Lectorum y conocer a Teresa Mlawer es exactamente lo mismo porque durante los últimos treinta años, ella ha dedicado toda su energía en conseguir que esta empresa, que originalmente fue una librería en la ciudad de Nueva York, se convirtiera en la mayor distribuidora de libros en español de este país. Y aunque Scholastic adquirió Lectorum en 1996, la empresa mantuvo a Teresa como presidenta de Lectorum. No podía ser de otra manera, ya que en palabras de Teresa, Lectorum es "su bebé."

Teresa llegó a este país procedente de Cuba cuando tenía 17 años, en compañía de sus padres. Recién había terminado sus estudios de secundaria en una escuela privada y necesitaba trabajar para contribuir a la economía familiar. Así encontró su primer empleo en Macmillan Publishing. "Tenían un nuevo gerente que estaba interesado en expandir las ventas hacia Latinoamérica y me contrataron porque yo hablaba español", explica Teresa, mientras reflexiona acerca del hecho de que nunca fue consciente de que la etiquetaran como "latina". "Había poca inmigración proveniente de Latinoamérica en los años sesenta, y nunca me sentí discriminada".

Sólo necesitas unos minutos en presencia de Teresa para darte cuenta enseguida de por qué ha sido tan exitosa en los Estados Unidos. También ella dice que "desde que era una niña, siempre quise ser la número uno. Siempre tenía que ser la mejor en clase, la mejor en cualquier cosa que hiciera. Así ha sido durante toda mi vida, y no tiene nada que ver con el dinero. Mi ambición siempre ha sido dar lo mejor de mí".

Desde ya no todo el mundo que quiere ser el número uno lo consigue, pero Teresa tiene otros dos rasgos claves que la han propulsado a lo largo de su carrera—es perseverante y una trabajadora increíblemente laboriosa. "Consigo que la gente trabaje duro para mí, porque yo estoy junto a ellos, trabajando igual de duro".

Trabajó duro durante años para desarrollar el mercado del libro en español en los Estados Unidos, ayudando a que Lectorum pasara de ser una pequeña librería a convertirse en una importante editorial y distribuidora. En un momento en el que la educación bilingüe no hacía más que comenzar en este país, Teresa viajó mucho por España y Sudamérica, en busca de material que pudiera ayudar a los niños inmigrantes a mantener su propia lengua mientras aprendían inglés. "Supongo que lo que me ayudó fue la calidez latina, ya que hice amistad con todos los editores, y aún seguimos siendo amigos después de cuarenta años. Sus hijos se quedan en mi casa, y yo me he quedado en la suya. En este momento, diría que en algunos casos son más mis amigos que mis clientes". Como explica la misma Teresa, esta es una característica típicamente latina ya que los anglosajones tienden a evitar las relaciones tan cercanas con los clientes.

No obstante, esta misma lealtad que muestra hacia sus amigos y empleados, y que a su vez espera de ellos, es lo que quizá la ha mantenido demasiado apegada a su compañía. "Si pudiera cambiar una sola cosa acerca del pasado, es que no sería tan conservadora. Podría haber utilizado la misma capacidad de trabajo y de conseguir que otros trabajaran a mi ritmo, a una mayor escala. Eso es lo único de lo que me arrepiento—que podría haber ido más allá de Lectorum, y quizá porque le tenía tanto cariño, no lo hice. Ser presidente de Lectorum no es lo mismo que ser presidente de Coca Cola". Este punto de vista es muy válido, viniendo de una mujer que siempre ha querido ser la número uno y cuya ambición no se ha visto disminuida ni un ápice a lo largo de los años.

Teresa, quién ha sido una pieza clave cuando se trató de traer libros en español a los EE.UU. donde no los había, cree que los inmigrantes latinos nunca asimilaran al ciento por ciento la cultura americana. "Los latinos tienen fuertes lazos culturales con sus países. Debido a la proximidad de Latinoamérica, van y vienen. Lo observo en particular con la nueva generación: les interesa que sus hijos hablen el español". Señala que en lugares como Miami, todo el mundo habla español. "Si ha ocurrido allí, podría ocurrir en otras ciudades. No creo que llegue a reemplazar el inglés, pero incluso los americanos se están dando cuenta de la importancia de que sus hijos aprendan español", comparte Teresa, y luego añade que en su librería hay más americanos que compran libros infantiles en español que latinos. "Eso no ocurría hace años, cuando yo trabajaba en la librería. Eso muestra que los padres saben que es bueno que sus hijos sean bilingües".

No cabe duda de que Teresa Mlawer es difícil de imitar. Sin embargo, para los muchos latinos que siempre han tenido grandes sueños, es el modelo perfecto. Con valores sólidos y la capacidad de establecer relaciones leales, si trabajas duro y perseveras en tu misión, nada te puede detener.

∽

5

FLEXIBILIDAD

Flexibilidad es un término amplio, que podría tener diferentes significados dependiendo del contexto. Aquí se utiliza para mostrar la capacidad de adaptarse a múltiples y diferentes situaciones—poder desempeñar diferentes roles, dependiendo de las circunstancias. En otras palabras, la flexibilidad es la capacidad de poder adaptarse a un entorno cambiante.

Cada día escuchamos cómo el mundo en que vivimos cambia a un ritmo mucho más rápido que en la época de nuestros padres. Resulta fácil comprender lo que esto significa. Los cambios tecnológicos, sobre todo en las telecomunicaciones y en la globalización de la producción económica, han alterado nuestra forma de percibir el mundo—además de la manera en que imaginamos el futuro. El mundo en que vivimos hoy es mucho más global de lo que ha sido jamás, y está cambiando cada vez más deprisa. Este mundo cambiante requiere profesionales de todas las especialidades que se sientan cómodos con el proceso, comprendan sus complejidades e incluso puedan anticipar lo que está por llegar.

Estados Unidos está en el centro de este proceso de cambio vertiginoso y los latinos se pueden beneficiar mucho de ello, ya que tienen habilidades y talentos esenciales para comprender, sobrevivir, e incluso destacarse en este entorno cambiante. Desde la niñez, la mayoría de los latinos han tenido que aprender muchas y diferentes habilidades de supervivencia, como traducir para sus padres, o hacer de mediadores entre los hábitos culturales de sus padres, y los nuevos hábitos que adquirían en su país de adopción. Saber cómo utilizar estas habilidades en tu vida profesional te puede otorgar una gran ventaja.

Muchos latinos fueron criados en ambientes complejos, en los que tuvieron que aprender y manejar, por un lado, el mundo de sus padres o abuelos que crecieron en Latinoamérica, y por otro, el mundo de sus amigos aquí en los EE.UU. Aquellos que se criaron en Latinoamérica, tuvieron que soportar una constante inestabilidad en cuanto a gobiernos, aprender a sobrevivir a lo largo de crisis económicas e inflación recurrentes y superar los desafíos de una infraestructura inadecuada. Sin duda, el aspecto económico ha tenido un impacto crítico sobre la vida de cada latino, debido a que esto ha sido, históricamente, uno de los motivos por los que la gente emigra a Norteamérica. La inflación, aspecto clave de la dimensión económica, ha dado a los latinos un curso rápido en la adaptación a un entorno cambiante. Ver cómo tus ingresos—el producto de tu propio trabajo—se devalúan cada día, te obliga a cambiar constantemente todas las decisiones de tu vida diaria. En tales contextos, ser adaptable es imperativo. Por lo tanto, los latinos han desarrollado capacidades y habilidades que son de mucho valor en el mundo moderno. El desafío está en cómo aprender a utilizarlas para que puedas avanzar con ventaja en tu vida profesional.

EJEMPLO

Jason ha vivido toda tu vida en los EE.UU. Sus padres inmigraron poco antes de que nacieran él y su hermana. Establecieron un restaurante exitoso en un vecindario hispano, de modo que nunca aprendieron bien el inglés. Por este motivo, Jason se convirtió en su enlace con el mundo norteamericano. Cuando él estaba en la escuela, traducía para sus padres los reportes escolares, y a medida que crecía también comenzó a ayudarlos con algunos de los temas del negocio que requerían un profundo conocimiento de las reglas norteamericanas.

Como seguramente sabes, cuando traduces (un idioma, costumbres, códigos, etc.), no siempre hay una equivalencia exacta. A menudo, hay que encontrar lo que más se acerque, lo cual implica que hay que analizar, comparar, interpretar, etc. Jason aprendió a hacer todo esto desde una temprana edad. También desarrolló excelentes dotes de negociación. Por ejemplo, tenía que convencer a sus padres de que no era bueno para él como adolescente pasar todas las vacaciones en Colombia. En aquel momento, Jason no sabía que estaba aprendiendo habilidades muy útiles para su futuro—sólo quería que su padres lo dejara quedarse en Chicago, solo, mientras el resto de la familia estaba en su país de origen. Aún así, las habilidades que desarrolló para convencer a su familia (mostrar los pros y contras de la situación, proyectar el impacto de cada una, sacrificar una cosa a cambio de otra, etc.) son las mismas que ha utilizado más adelante en su carrera profesional.

Hoy en día, Jason trabaja en el departamento de compras de una gran fábrica. Tiene fama por su excelente trato al cliente (es un as cuando se trata de identificar las necesidades de éstos) y es un gran negociador que consigue los mejores precios para su empresa, a la vez que mantiene buenas relaciones con los proveedores.

Jason ha podido alcanzar el nivel de éxito que disfruta ahora porque pudo establecer un vínculo entre las habilidades que aprendió en su hogar y las habilidades necesarias para ser exitoso en un ambiente de trabajo. Si bien a Jason le resultó fácil moverse entre sus raíces latinas en el hogar y el sistema americano en el que se crió, logró hacer algo que a muchos latinos les cuesta trabajo. Interiorizó las nuevas reglas sin reemplazar sus rasgos innatos, ni anular su herencia latina. Si crees que tus propias características latinas se han visto anuladas, recuerda que siguen en tu interior. Lo único que tienes que hacer es encontrar la manera de dejarlas salir y hacer que funcionen en beneficio tuyo.

En el siguiente ejemplo, verás cómo hacer de intérprete para los adultos de tu familia, una habilidad común para personas que llegaron a los EE.UU. a una temprana edad, conlleva una enorme flexibilidad, ya que estás tratando con dos culturas diferentes, y te estás adaptando a cada una dependiendo de lo que exija la situación.

EJEMPLO

Juana tenía 5 años de edad cuando sus padres se mudaron a los Estados Unidos desde Puerto Rico. Cuando comenzó la escuela elemental, su madre no hablaba ni una palabra de inglés, de manera que Juana hacía de intérprete durante las conferencias entre padres y alumnos. También acudía a un programa después de la escuela, en el que recibía ayuda con sus tareas. Juana tuvo que explicar a sus padres lo importantes que eran sus exámenes, y que no podían simplemente sacarla de la escuela antes del final del curso, para reunirse con la familia en su viaje anual a la isla. Se las pasaba siempre explicando a su familia cómo funcionaban las cosas en Norteamérica. No le resultaba fácil ser la maestra de sus padres, y muchas veces se sentía frustrada ante la incomprensión de ellos, pero sabía que dependían de ella para recibir esa información.

De adulta, Juana decidió que quería trabajar en recursos humanos, con especialidad en transferencias internacionales a los EE.UU. Sin pensarlo siquiera, Juana se inclinó hacia algo con lo que ya tenía mucha experiencia—interpretar la cultura americana a inmigrantes recién llegados.

ADAPTABILIDAD

La adaptabilidad es, obviamente, el componente de la flexibilidad más fácil de comprender en términos de descripción conceptual. También es el más fácil de comprender en relación con el trabajo. Las grandes compañías invierten mucho dinero cada año, enseñando a sus empleados a manejar los cambios. Contratan especialistas del área de entrenamiento y consultores de administración de cambios y compran libros y videos que explican cómo manejar el cambio y cómo preparar a los empleados para afrontar un mundo cambiante. Lamentablemente, los latinos que llevan todas estas enseñanzas en su ADN rara vez son conscientes de ello, de manera que también tienen que aprenderlas en el trabajo, como todos los demás.

SUGERENCIA PROFESIONAL

Muy a menudo, los latinos pasan un mal rato en las entrevistas, cuando tienen que responder preguntas acerca de las decisiones que tomaron durante sus carreras. Parte de ello tiene que ver con entornos cambiantes que te han obligado a tomar decisiones, y que te impidieron hacer planes de antemano. Debes entrenarte para, o bien encontrar el hilo conductor que facilite a los demás comprender tu carrera, o explicar de forma elocuente cómo funcionó tu proceso de toma de decisiones. Ten en cuenta que es tu responsabilidad explicar tu carrera—no la del entrevistador descifrarla.

Con toda probabilidad, tú o tus padres han experimentado cambios constantes en Latinoamérica. Ya fuera que cambiara el valor de la moneda, o se modificara cualquier serie de reglas y leyes de la noche a la mañana, lo cierto es que la incertidumbre formó parte de tu cultura o la de tus padres. Todavía llevas dentro esa sensación de que "nunca se sabe lo que pueda pasar mañana", y si eres capaz de reconocerla, podrás aplicarla como tu propia ventaja en el trabajo. Te permitirá siempre estar preparado para cualquier cambio que se avecine.

Determinados comportamientos revelan esta actitud con bastante claridad. Por ejemplo, es más probable que seas cauteloso acerca de pedir dinero prestado, que tengas tendencia a prepararte para el peor de los casos en cada situación, que te cueste hacer planes a largo plazo, o que todavía desconfíes del sistema americano en general.

¿Significa esto que estás tan bien preparado para el cambio que no sufrirás durante la siguiente reestructuración? En realidad, no. Lo que esto sí significa, sin embargo, es que es más probable que tengas más recursos internos para sobrevivir, que los demás.

PRACTIQUEMOS

El objetivo de esta actividad es reflexionar sobre situaciones que tú o tu familia han enfrentado en el pasado. Verás cómo las estrategias que usaste para manejar estas situaciones se pueden aplicar fácilmente a las experiencias que enfrentes en el trabajo.

■ Escribe un ejemplo de la vida real, que conllevara un cambio para ti o para tu familia. (Por ejemplo, la última crisis económica, que obligó a algunos de tus familiares a mudarse a los EE.UU. para vivir contigo.)

_____

_____

■ Enumera las acciones que llevaste a cabo para adaptarte a este cambio.

_____

_____

■ ¿Hasta qué punto son similares (y aplicables) estas acciones al cambio más reciente que hayas experimentado en el trabajo (reestructuración, transición laboral, etc.), tú mismo, o alguien de tu entorno?

_____

_____

Con respecto a la adaptabilidad, deberías sentirte cómodo mostrándola como parte de quien eres. Es un rasgo vital en el mundo moderno y tú has tenido mucho entrenamiento en este campo. Sin embargo, cuando hables de este rasgo durante una entrevista de trabajo, tienes que preparar ejemplos que sean aplicables al mundo profesional.

ADAPTABILIDAD EXTREMA

Es posible llevar la adaptabilidad a extremos, haciéndote demasiado maleable y acomodaticio. Hay una frase que resume bien lo que ocurre cuando te haces demasiado adaptable: "Si te adaptas demasiado, puede costarte recordar quien eres". Recuerda que quien eres y todo lo que has aprendido es lo que ha hecho que los latinos tengan tanto éxito en Norteamérica. Cuando combinas el estilo relajado (de no confrontación) de los latinos con tu capacidad de

SUGERENCIA PROFESIONAL
∿

Algunas veces, el ser demasiado adaptable implica que te asignen numerosos y variados proyectos. Es siempre positivo mostrar buena disposición y apertura a nuevos retos, pero también has de tener en mente tus metas profesionales a largo plazo. Además, especializarte en algo o focalizarte en un tema es siempre importante dentro del sistema americano.

∿

adaptarte a casi cualquier situación, podrías acabar en desventaja. Por lo tanto, cuídate de evitar situaciones en las que se aprovechen de ti. Analiza cada situación cuidadosamente y procura desmenuzarla en pedazos más pequeños. Evalúa si lo que se presenta es una verdadera oportunidad, o bien algo de lo que te tienes que retractar.

PRACTIQUEMOS

A veces el rasgo de tu adaptabilidad ha estado tan arraigado, que ya no sabes discernir lo bueno de lo malo. Pide a un amigo, antiguo jefe, o mentor que te de retroalimentación para descubrir situaciones en las que quizá estén aprovechándose de ti, debido a tu buena disposición. Por ejemplo, quizá te pidan con mayor frecuencia que a los demás, que te quedes a trabajar hasta tarde.

Una vez que hayas hecho esto, y que hayas identificado qué batalla quieres pelear, la planificación es tu mejor estrategia. Es importante que prepares un guión de lo que le quieras decir a tu supervisor, y que lo practiques antes de tener una reunión para comentar los temas. Ningún tema está fuera de límites, siempre y cuando lo presentes cuidadosamente y con respeto. Ten en cuenta que cuanto más tardes en comentar los temas que te incomodan, más difícil será mantener a raya tus emociones.

Sentirse incómodo es a menudo el resultado de evitar la confrontación, una de las características más comunes de los latinos, pero soportar la incomodidad durante demasiado tiempo, puede perturbar tu carrera—si no tu vida entera. Es crucial que aprendas a manejar la desventaja de tu adaptabilidad para sacar el mayor provecho de este rasgo que, de otra manera, es positivo.

Ejemplo

John, nacido en los EE.UU. de padres mexicanos, había trabajado durante cuatro años con Eric, su amigo y su jefe. Tenían una estupenda relación, ya que se conocían desde la Universidad, y Eric confiaba completamente en John. Eric, sin embargo, era el dueño de la cadena de tiendas de óptica, mientras que John era simplemente el director de operaciones.

Como el negocio era muy exitoso, Eric tomaba vacaciones frecuentes y largas, dejando a John a cargo de la compañía. Eric entonces llamaba a todas horas, para comentar temas profesionales con John, sin tener en cuenta en absoluto el tiempo personal de John. A pesar de que John agradecía la confianza de Eric, se había cansado de sacrificar su vida personal sin otra recompensa que un "gracias" por parte de su jefe.

Durante largo tiempo, se debatió sobre cómo establecer los límites que nunca antes habían demarcado, sin defraudar a su querido amigo. Le gustaba su trabajo y le gustaba trabajar para Eric—simplemente necesitaba contar con tiempo para su familia y para aficiones que quería desarrollar.

Después de pensarlo a fondo, John se dio cuenta que no había otra manera de manejar el tema que no fuera hablando con Eric. Le pidió una reunión, y educadamente, pero con firmeza, le dijo que no le importaba entrar a la oficina a diario a las 7:45 de la mañana, pero que necesitaba salir a las 6:00 de la tarde. Quería empezar a tomar algunos cursos para graduados un par de noches por semana, y también quería estar en casa a tiempo para poder cenar con sus hijos. Sugirió que promocionaran a una de las gerentes de la tienda para que cuando Eric se fuera de vacaciones, ella pudiera asumir las responsabilidades de John mientras John a su vez asumía las de Eric, sin añadir una carga mayor a su trabajo. Eric pensó que la propuesta era justa y comenzaron a poner en práctica los cambios poco después de su conversación.

CREATIVIDAD

Generalmente, cuando escuchas la palabra creatividad, piensas en publicidad y arte. Para algunas personas, este es un concepto tan misterioso, que piensan que es una de esas habilidades que no se pueden desarrollar—o bien naciste con ella o no. Ambas son ideas equivocadas. Ser creativo va más allá del arte o la publicidad, y la creatividad es un rasgo que se puede aprender y desarrollar. (En el caso de los latinos criados en Latinoamérica, por ejemplo, el entorno los obligó a ser creativos para poder sobrevivir.) Lo cierto es que la creatividad principalmente trata de conceptualizar algo que no existía antes, ya sea superar un obstáculo, resolver un problema, crear un nuevo producto o proceso, o simplemente mejorar uno que ya existe. Esta sección trata principalmente de sacar el mayor partido a recursos escasos, encontrar nuevas maneras de conseguir resultados, y proporcionar una nueva perspectiva en un ambiente cambiante que requiere una solución creativa.

Si te criaste en Latinoamérica, aprendiste a encontrar formas y maneras alternativas de hacer las cosas. Ya tuviera que ver con la escasez de recursos, o con una estructura deficiente, los latinos se vieron obligados a convertirse en maestros de crear soluciones para los problemas diarios. Hay un dicho en algunos países latinoamericanos: "lo atamos con alambre". Significa que se puede utilizar una solución creativa a corto plazo para ayudarte a salir airoso de una situación difícil. Esto no implica ser holgazán y no hacer lo posible por encontrar la mejor solución, sino aprovechar los recursos con los que cuentas y saca el máximo partido de ellos cuando en frentas un reto.

¿Alguna vez has escuchado a tus padres contar historias sobre cuando sufrían cortes de agua y cómo aprendieron a llenar siempre la bañera así como un par de cacerolas antes de irse a trabajar a la mañana, por si acaso? Incluso hoy, algunas personas tienen una llave de su casa siempre atada con una larga cuerda, para podérsela echar por la ventana de su quinto piso a un amigo que lo viene a visitar, cuando no hay suministro eléctrico que les permita abrir la puerta desde arriba.

Esto no quiere decir que en los EE.UU. no haya creatividad simplemente por ser un país rico y organizado. De hecho, si nuestras necesidades básicas están cubiertas, si la infraestructura básica funciona correctamente, entonces tienes mucho más tiempo y energía para ser creativo en tu trabajo.

Sin embargo, la sofisticada infraestructura de los Estados Unidos tiene el efecto que la mayoría de la gente dé por hecho muchas cosas. Les resulta más fácil y más eficaz seguir la norma, e incluso no pensar demasiado en la posibilidad de que algo pueda fallar. Cuando la costa Este sufrió un apagón masivo en el 2004, muy pocas personas tenían un teléfono en sus casas que no fuera inalámbrico, por lo que muchas personas se quedaron desconectadas durante un par de días. Vivir en un país eficiente y organizado reduce la necesidad de utilizar el músculo de la creatividad y por eso muchas personas no la ejercitan. Es vital que no pierdas tu capacidad natural de crear soluciones, y que aprendas a presentar este valor añadido a tu empleador, para contar con una ventaja sobre los demás.

PRACTIQUEMOS

El objetivo de este ejercicio, es analizar y aprender acerca de maneras alternativas de enfrentar todo tipo de retos. (Si siempre has vivido en los EE.UU., pide a tus padres y abuelos que te ayuden con esta actividad.)

■ Piensa en algo que das por hecho en los EE.UU. (por ejemplo, utilizar el correo para pagar tus facturas, o incluso tener una línea telefónica en la casa). Ahora piensa en cómo es ese proceso en tu país de origen (o pregunta a tu familia cómo lo hacían ellos).

_____

_____

■ Enumera las diferencias, y pon atención a las soluciones ingeniosas con las que se sobreponían al fracaso de la infraestructura, o la escasez de recursos. (Por ejemplo, usaban el teléfono de la farmacia cercana a su casa, y los bancos inventaron el débito automático para poder pagar las facturas con seguridad.)

_____

_____

Si no se te ocurre ningún ejemplo, piensa en alguno de estos:
■ Burocracias complejas.
■ Servicio telefónico o de correo inadecuado.
■ Taxis poco seguros.
■ Apagones habituales.
■ Falta de aire acondicionado.
■ Sistemas bancarios inestables.

Ahora, piensa en las situaciones o desafíos relacionados con el trabajo que hayas enfrentado últimamente. Procura utilizar algunos de los mismos métodos para abordarlos. Si trabajas para una pequeña empresa (o una empresa nueva), estarás familiarizado con la escasez de recursos. Por otro lado, si trabajas para una compañía grande, lo más probable es que tengas que enfrentar largos procesos burocráticos que reducen la eficacia. ¿Ves alguna relación entre el tipo de problemas o desafíos descritos anteriormente?

Activar tu lado creativo requiere trabajo y práctica, pero realmente vale la pena ya que el mercado reconoce a quien tiene recursos propios y creatividad como rasgos claves Se gasta mucho dinero cada año en programas de entrenamiento que abordan estos temas. A menudo, las técnicas que utilizan para enseñar estas habilidades se derivan de experiencias similares a las que han vivido tú y tus familiares. Por ejemplo, te ponen en situaciones que te obligan a pensar en varias alternativas para enfrentar un problema. Para desarrollar esta capacidad, hay que tener confianza en uno mismo. Recuerda que eres perfectamente capaz de hacerlo, ya que provienes de una familia que lleva años haciéndolo.

SUGERENCIA PROFESIONAL

Cuando te pregunten acerca de una habilidad durante una entrevista es aceptable utilizar ejemplos que no están relacionados con el trabajo. Naturalmente, los ejemplos relacionados con el trabajo siempre son mejores, pero puedes demostrar que tienes un lado creativo, a pesar de que tus anteriores trabajos no te hayan permitido ponerlo en práctica. Por ejemplo, tu experiencia tratando con diferentes culturas se podría traducir en la capacidad de tener un trato excelente hacia el cliente, o haber estado expuesto a lugares que tienen una estructura débil te permitirá demostrar que eres una persona de recursos.

PRACTIQUEMOS

Piensa en lo siguiente: ¿cómo podrías aplicar tu creatividad al sistema americano? Para comenzar, aquí van dos ejemplos de cosas que se inventaron en Latinoamérica debido a la escasez de infraestructura o recursos.

- Dada la ineficacia del servicio postal, las personas normalmente pagaban sus facturas en persona en la oficina del suministro correspondiente, como el agua o la electricidad. Por este motivo, el débito automático (de una cuenta corriente o tarjeta de crédito) se utilizó mucho antes en Latinoamérica que en los Estados Unidos. Era una manera más segura y más eficaz de pagar.

■ Debido a precios de gasolina más altos, las empresas inventaron combustibles alternativos años antes de que eso fuera un tema de preocupación para los norteamericanos. Los autos que andan con diesel y gas natural son algo común en Latinoamérica.

Ahora, considera algunas maneras en que puedes aplicar tu pensamiento creativo a situaciones difíciles en tu trabajo. Recuerda, el solo hecho de pensar que puede haber otro método, puede desencadenar ideas sobre nuevas maneras de resolver situaciones difíciles.

_____

_____

_____

ASUMIR DIFERENTES ROLES

La importancia de poder asumir diferentes roles en el lugar de trabajo de hoy en día, está muy ligado a la creatividad. Si piensas en el proceso de la entrevista de trabajo, comprenderás enseguida este punto. No importa cuál sea tu ocupación, cada vez que vayas a una entrevista de trabajo el empleador procurará evaluar lo bien que te desempeñas en un ambiente de equipo, lo bien que trabajas con otros, y lo eficaz que eres cuando se trata de mantener relaciones productivas en el trabajo. Lo que las personas no suelen advertir es que los equipos cambian constantemente y que en cada equipo algún aspecto de tu rol dentro del mismo también cambia. Esto implica que se espera de ti que trabajes con muchos tipos distintos de personas y en situaciones diferentes. Demostrar tu flexibilidad y creatividad, te ayudará a establecer tu reputación como miembro valioso de la organización que puede adoptar diferentes roles cuando es preciso. En otras palabras, ser capaz de adoptar diferentes roles, es esencial dentro de un entorno de equipo—y un entorno de equipo es esencial para casi cualquier lugar de trabajo hoy en día.

Hay varios motivos que hacen que por naturaleza puedas adoptar cómodamente diversos roles. Para empezar, has sido expuesto a más entornos cambiantes (o al menos a diferentes aspectos del mundo) que muchos de tus amigos no latinos. Ahora suma la adaptabilidad, la creatividad y el bi-culturalismo, y el resultado es una persona que puede mirar el mundo desde el punto de vista de otra persona y abordar los problemas desde distintas perspectivas.

Como ocurre con todas las habilidades y puntos fuertes que comentamos en este libro, cuando se aplican en el grado correcto, te proporcionan una ventaja indiscutible. Sin embargo, puede haber problemas cuando los usas en exceso. En algunos momentos, la capacidad de adoptar diferentes roles dentro de un equipo de trabajo, puede desembocar en una situación incómoda. Debido a que se te adaptas y congenias con otros, pero que no manejas bien las confrontaciones, podrías terminar en situaciones en las que sí adoptas diversos roles, pero no los que tú quieres adoptar. La clave para evitar esta desventaja está en controlar tu deseo de agradar a los demás y en aprender a decir no. (Mira el capítulo 3 para saber más acerca de este punto.)

GENERALISTA VS. ESPECIALISTA

El tema de ser generalista o especialista está estrechamente relacionado con los pros y contras de ser capaz de adoptar varios roles. En Norteamérica, la especialización es un rasgo muy valorado—y que debes desarrollar si deseas tener éxito en este mercado.

EJEMPLO

Federico estaba siendo entrevistado para una posición en la sede central de una compañía multinacional norteamericana. Había trabajado con éxito para la misma compañía en México durante más de quince años. De hecho, su nombre había salido a colación durante un proceso de búsqueda interno de personas con ciertos atributos. Una de las entrevistas, llevada a cabo por un profesional de recursos humanos, se focalizó específicamente en su experiencia previa en su propio país y cómo esto podría ser aplicable a la sede central de la empresa. Federico había enfrentado diferentes procesos de selección anteriormente en México; se sentía cómodo hablando acerca de sus éxitos, y cómo había sido capaz de conseguir tanto con recursos limitados y a resolver transacciones en este país que eran totalmente nuevas para él. Cuando el entrevistador de recursos humanos le preguntó acerca de sus principales áreas de especialidad, Federico señaló lo exitoso que había sido manejando productos múltiples y distintos y que se sentía cómodo con todos o casi todos. El entrevistador siguió indagando acerca de su área de especialización, y Federico seguía hablando acerca de su versatilidad.

Federico no consiguió el empleo. Perdió de vista un aspecto crítico del sistema americano—que es clave: ser especialista en algo. No hubo dudas acerca del potencial de Federico, pero dio la impresión de ser alguien que sabía un poco de todo y mucho de nada. Esta evaluación no era totalmente exacta. Lo que pasó fue que Federico se crió en un sistema que fomentaba la capacidad de aprender cosas nuevas con rapidez, e incluso la capacidad de improvisar cuando fuera necesario. De hecho, él sí tenía un área de especialización pero había hecho grandes esfuerzos para ampliar su potencial e incluso mayores esfuerzos para presentarse como un profesional polifacético.

Uno de los retos que enfrentan los latinos en el sistema norteamericano cada día, es que los especialistas son generalmente muy valorados, mientras que los generalistas no siempre reciben todo el reconocimiento que merecen. El reto para los latinos (sobre todo aquellos que se criaron en Latinoamérica) es que han sido criados con un enfoque completamente diferente y necesitan cambiar el punto de vista desde el que enfocan su historia profesional de manera que resalte su experiencia como especialistas.

SOPORTAR SITUACIONES INCÓMODAS

Otro aspecto de la flexibilidad es la capacidad de adaptación. Si te anuncias como persona flexible, esto ha de incluir situaciones adversas—aquellas en las que preferirías no estar, si pudieras elegir. Cómo te manejas en situaciones incómodas a menudo es lo que más dice de ti en términos de cómo te manejarás en momentos de menos estrés o cuando las cosas van como a ti te gusta.

EJEMPLO

Edgar aprendió carpintería en el taller de su padre en Nicaragua. Era muy habilidoso y creativo. Aunque la carpintería era el principal servicio suministrado por el negocio de su padre, cada tanto tiempo recibían encargos de pintura, de plomería, e incluso algunos contratos de construcción. Su negocio se había expandido en base a clientes satisfechos, que regresaban a pedir nuevos servicios.

Cuando Edgar inmigró a los EE.UU. continuo siendo un carpintero muy habilidoso que también podía arreglar un inodoro, hacer trabajos de electricista, o bien pintar una casa, todo ello como valor añadido. Sin embargo, lo que realmente le gustaba hacer era carpintería y su mayor deseo era diseñar muebles.

Sus buenas relaciones con clientes le ayudaron a desarrollar su negocio. Edgar se dio cuenta de que recibía trabajos cada vez más complejos que no entraban dentro de su área de especialización y que cada vez le interesaba menos hacer. Lo que quería en realidad era desarrollar sus habilidades para diseñar muebles. Sabía que cometer errores en los Estados Unidos le podía costar caro, y durante un tiempo, siguió aceptando todos los encargos que le hacían pero eventualmente se dio cuenta de que para ser realmente exitoso, necesitaba especializarse.

Lentamente, Edgar dejó de aceptar cada trabajo que le ofrecían y les dijo a sus clientes en qué focalizaría sus energías y que le encantaría colaborar con ellos en ese tipo de proyectos. También les proporcionó los nombres de personas en quienes confiaba dentro de su red de contactos y que podrían llevar a cabo el trabajo igual e incluso mejor que Edgar. Mantuvo satisfechos a sus clientes, estableció referencias a futuro dentro de su red de contactos, y centró su atención en lo que él quería hacer.

Con mucha frecuencia, tu capacidad para adaptarte a entornos cambiantes y tu relativo confort y aguante en situaciones adversas te han entrenado para que postergues lo que quieres, y a veces también lo que necesitas. Te haces daño a ti mismo cuando postergas demasiado las cosas, pero cómo te manejes durante el proceso de toma de decisiones a menudo puede determinar lo fácil que pueda ser la transformación. Si por ejemplo, Edgar hubiera continuado haciendo lo mismo de siempre, pronto se hubiera visto abrumado y haciendo trabajos fuera de su ámbito de especialización debido a los encargos de sus clientes. Mediante el ofrecimiento de soluciones que utilizaban muchas de sus habilidades innatas pudo comenzar a hacer lo que realmente le gustaba, sin sabotear sus posibilidades de alcanzar el éxito por haber manejado mal la situación.

Los norteamericanos tienen reputación de ser personas asertivas cuando pelean por lo que desean conseguir. En contraste, los latinos han sido entrenados para demorar el momento de alcanzar lo que desean, y para sentirse satisfechos con lo que ya tienen. Lo que debes aprender es a escuchar tu voz interior y a distinguir tus objetivos originales de lo que te ofrece el entorno.

De manera similar, cuando te asignan proyectos y tareas en tu actual trabajo, ten siempre en cuenta cómo encajan dentro de tus planes y tus metas profesionales. Es sabio tomar un momento para reflexionar acerca de los motivos por los que aceptar una nueva responsabilidad.

SUGERENCIA PROFESIONAL

A los latinos siempre les gusta parecer dispuestos a todo, pero cuando se trata de negociar ofertas de trabajo, esto puede ser un problema. El hecho es que las ofertas de trabajo se manejan de manera muy diferente en Latinoamérica, en comparación con los Estados Unidos. En Norteamérica, recibes una oferta—la evalúas, decides si es lo que quieres, negocias algunos términos (dependiendo del caso), y, o bien la aceptas, o educadamente la rechazas. En Latinoamérica, en general, te informan que has obtenido el empleo y no se espera que se produzca negociación alguna. El impacto de esta diferencia cultural es que, a veces, los latinos no saben manejar estas situaciones y piensan que intentar negociar los términos de una oferta podría poner en peligro su oportunidad de conseguir el puesto. Es importante que no dejes que tu flexibilidad afecte la posibilidad de que obtengas el mejor trato posible. Siempre es aceptable preguntar acerca de los términos y condiciones y preguntar cuáles son negociables, ya sea el salario, los beneficios, las vacaciones, ubicación del trabajo, etc.

PERFIL
Mario Bósquez—Flexibilidad en el trabajo

Mario Bósquez, el primer presentador de noticiero latino de una gran cadena televisiva (CBS), nació en Alice, Texas. Sus padres y abuelos también nacieron en los Estados Unidos, y algunas partes de su familia son norteamericanos de cuarta generación. Sin embargo, cuando hablas con Mario, no solo habla perfecto español, sino que se siente latino.

Recientemente publicó *The Chalupa Rules*, donde establece la relación entre los diferentes símbolos del juego de bingo mexicano y proverbios típicos latinos. La idea es recuperar refranes populares que han ayudado a generaciones de personas en Latinoamérica, para que los latinos en los EE.UU. puedan reconectar con sus raíces culturales.

Uno de los dichos que más le gusta es: "no seas como pollo recién comprado", lo cual significa que no debes esconderte en una esquina y procurar pasar desapercibido. Bósquez piensa que para poder sobrevivir, muchos latinos en este país tienden a desaparecer en el fondo pero como él dice, si quieres progresar en la vida, esa estrategia no te funcionará. Mario cree que tener en mente dicho proverbio le ha ayudado muchas veces a lo largo de su carrera. Le recordaba que tenía derecho a estar en los Estados Unidos y el derecho de perseguir sus sueños.

Aunque dice que ser bilingüe siempre ha sido una ventaja para él en su carrera, de inmediato aclara que ser latino te abrirá puertas pero que éstas no permanecerán abiertas si no eres cumplidor.

En el caso de Mario, no tuvo problema alguno en mantener abierta la puerta. Eso es porque tuvo siempre presente otro proverbio: "siempre serás estudiante." Éste le recordó que siempre hay algo nuevo que aprender, algo nuevo que probar. Para explorar nuevas actividades y responsabilidades, Mario utilizó su flexibilidad innata, un rasgo que considera fundamental porque le ayudó a establecer una red de contactos, a comunicarse con diferentes culturas, a ocupar distintos empleos, y a colaborar con otros en todo tipo de situaciones.

Igual que la sirena, uno de los símbolos de la Chalupa que Mario más aprecia, ya que puede vivir en el agua y sobre la tierra firme, los latinos pueden moverse entre las dos culturas y así lograr un balance.

Conocer a fondo el sistema norteamericano le proporcionó a Mario Bósquez las herramientas que utilizó para triunfar: flexibilidad y una fuerte convicción de su derecho a tener éxito.

PARTE 3

OPORTUNIDADES PARA MEJORAR

6

COMUNICACIÓN

Al igual que con todos los demás rasgos que se comentan a lo largo de este libro, es importante ser consciente de cómo te comunicas, para que puedas utilizar este rasgo en beneficio propio, y para que puedas ser consciente de posibles puntos débiles. Este capítulo estudia los diferentes elementos que componen el estilo de comunicación latino, y te da ejemplos concretos que comparan dicho estilo con el norteamericano. Ninguno de los dos es mejor que el otro; simplemente son diferentes, y responden a patrones culturales. Saber cuando debes usar tu estilo innato y cuando debes disimularlo un poco, es una habilidad que puedes llegar a dominar. Ser consciente de tus tendencias y reconocer tu estilo particular es el primer paso en esta dirección.

SER INDIRECTO

En un intento de evitar la confrontación, los latinos tienden a tener un estilo de comunicación indirecto. Es más fácil y más educado dar rodeos que ir al grano y simplemente decir lo que piensas. Muchos latinos no solo actúan así con los demás, sino que esperan que otros hagan lo mismo con ellos. Quieren que los demás sean amables en sus comentarios, como si no fueran capaces de soportar la verdad.

Esto puede convertirse en un problema, cuando otras personas no cumplen con esta expectativa.

Ejemplo

Mary, gerente de la oficina de una gran compañía de comunicaciones, iba a realizar un reporte, y necesitaba que sus dos analistas, recientemente contratados, lo editaran. Quería que revisaran el reporte, que lo corrigieran y que se lo devolvieran en el plazo de una semana.

Cuando Alice, su analista norteamericana, entregó su copia del reporte, estaba toda cubierta de tachones en marcador rojo. Había tachado palabras y las había sustituido por otras, y también había incluido muchas anotaciones al margen, que indicaban qué partes del reporte era necesario reescribir o cambiar. Mary lo miró y estuvo de acuerdo con la mayoría de las sugerencias de su analista. Le agradeció a Alice su detallado trabajo.

Cuando Antonio, el otro analista, oriundo de la República Dominicana, entregó su copia, solo tenía unas cuantas anotaciones a lápiz en el margen. Señalaba que algunos párrafos requerían ser revisados y sugería cambiar un par de palabras acá o allá.

Mary pensó que Antonio no había prestado demasiada atención a su reporte y que tampoco le había dedicado tiempo suficiente. Le preguntó por qué había utilizado lápiz negro cuando eso dificultaba ver con claridad las correcciones. Antonio se dio cuenta de que había defraudado a su jefa en su primer encargo, pero no estaba realmente seguro del por qué.

¿Qué pasó? ¿Por qué estos dos analistas, a quienes les fue dado idéntico encargo, volvieron a la mesa con resultados tan dispares? Antonio permitió que su estilo de comunicación indirecto, de no confrontación y de profundo respeto por las jerarquías le impidiera proporcionar información crucial para su jefa. Debido a que pensaba que no era apropiado corregir el trabajo de otra persona (sobre todo en bolígrafo rojo), y que sería una falta de respeto hacia su jefa si le dijera toda la verdad acerca del reporte, dejó a su jefa pensando que no era tan bueno como su homóloga norteamericana.

Alice, por otro lado, hizo todas sus correcciones visibles de inmediato, y le comunicó a su jefa directamente qué partes requerían revisión. Pensó que era la manera más eficaz de ahorrarle tiempo. También comprendió que, cuando su jefa le dio el reporte, realmente pretendía que fuera editado y que no buscaba su aprobación ni tampoco halagos.

Este ejemplo ilustra un caso de cuando la tendencia a ser indirecto no resulta eficaz. El método de Antonio no fue considerado lo suficientemente completo y—a juzgar por los comentarios de Alice acerca de cuánto trabajo más requería el reporte—no lo suficientemente directo. El intento de Antonio de no entrar en conflicto con su jefa sólo consiguió que ésta pensara que él no había sido completamente sincero.

Sin embargo, el estilo indirecto que evita la confrontación, es un rasgo muy positivo en situaciones en las que se requiere capacidad de negociación. En dichas circunstancias, por lo general una actitud diplomática produce mejores resultados que un estilo directo ya que ayuda a las personas involucradas a preservar su imagen y encontrar soluciones amigables.

EJEMPLO

Charles estaba molesto, porque había recibido 10.000 tarjetas de promoción que había encargado a una imprenta y habían sido mal impresas—la foto del anverso estaba bien, pero para leer el texto del reverso, era preciso voltear la tarjeta y mirarla del revés. Podría haberlas usado igualmente, pero pensó que el efecto no sería tan bueno y también pensó que no debía pagar el precio completo por algo que no había sido hecho siguiendo sus especificaciones. Al menos, le hubiera gustado obtener un descuento.

Llamó a la imprenta, y en tono bien amable dijo: "quería agradecerles por su rápida entrega. Las tarjetas se ven muy bien. Sólo me preguntaba si hubo un problema técnico cuando las imprimieron".

"¿A qué se refiere?", le preguntó el impresor. "Pues mire", respondió: "el anverso está perfecto, pero el reverso está volteado, y pensé ..."

El impresor miró su orden y estuvo de acuerdo en que había cometido un error. Ofreció imprimir y enviarle 10.000 nuevas tarjetas sin costo en el plazo de dos días, además de un descuento para su siguiente orden.

Como puedes ver, el estilo diplomático de Carlos con respecto al error, tuvo un efecto positivo sobre el impresor, quien, en lugar de ponerse a la defensiva, pudo encontrar una solución positiva que complaciera a todos. Siendo un negociador nato, tu estilo diplomático te proporciona las herramientas para resolver problemas, y para ser mediador. Recuerda, sin embargo, que a veces ser indirecto puede ser interpretado como ser poco sincero, desconocedor del tema en cuestión, poco comprometido y de poco fiar.

SUGERENCIA PROFESIONAL

Desarrollar buenas dotes de comunicación es indispensable en el mundo actual. Por mucho talento que tengas, si no puedes expresar tus ideas con claridad y asertividad, tus oportunidades de éxito se verán reducidas. Sé conciso en tus respuestas. Comprende cuánto contexto debes dar cuando cuentas algo, o cuando respondes a una pregunta, para que no des la impresión de tener un estilo de comunicación indirecto. Practica ser asertivo dado que conseguir el nivel de asertividad justo requiere práctica. No te pases, pero tampoco dejes que te pisen.

PRACTIQUEMOS

■ Describe una situación en el trabajo cuando utilizaste tu estilo indirecto de comunicación y tuvo un efecto negativo. (Por ejemplo, no te negaste abiertamente a realizar una tarea que sabías que no podrías hacer porque no tenías las herramientas necesarias.)

_____

_____

_____

- ¿Por qué tu estilo tuvo un efecto no deseado? ¿Tus acciones te mostraron como un empleado que no se comprometió, de poco fiar, o sin una base sólida? Procura descubrir cómo te vieron tus colegas o jefes y toma nota de ello.

_____

_____

_____

- ¿Cómo se hubiera comportado un amigo no latino en la misma situación? ¿Qué hubiera hecho de otra manera? (Por ejemplo, él o ella podría haber dicho educadamente pero con firmeza que no podría realizar esa tarea.)

_____

_____

_____

- Compara ambos estilos y anota las diferencias. Date cuenta de por qué el estilo más directo hubiera recibido una respuesta más positiva en la misma situación.

_____

_____

_____

La próxima vez que se produzca una situación similar, prueba el estilo de tu amigo no latino.

HUMILDAD

Como leíste en el perfil de Mario Bósquez en el capítulo 5, él se rige por un viejo dicho mexicano: "no seas como pollo recién comprado", que significa que si te comportas como un pollo temeroso, que se esconde en una esquina, no llegarás a ningún lado. Bósquez piensa que muchos inmigrantes hacen esto para poder sobrevivir.

El motivo de esta actitud puede tener mucho que ver con cómo son criados muchos latinos. Los padres y abuelos latinos enseñan a sus hijos a ser humildes, y a respetar a sus mayores y superiores. La sensación de pertenecer a la familia, a un grupo, y a la comunidad es valorada por encima de la individualidad. Además, dada la influencia de la iglesia católica en países latinoamericanos, siempre se ha valorado una actitud de humildad. Es un rasgo buenísimo que comparte la mayoría de los latinos. Sin embargo, éste es el país de la individualidad y hay ocasiones en que se necesita brillar como individuo para que te tomen en serio.

SUGERENCIA PROFESIONAL

Hoy en día, en el mundo profesional globalizado, se producen muchas interacciones y reuniones que tienen lugar por teléfono, incluyendo entrevistas de trabajo. Es un reto mayor transmitir un estilo directo, claro y asertivo por teléfono que en persona, ya que no se pueden observar las reacciones no verbales del entrevistador hacia tus preguntas. Cuando tengas que llevar a cabo cualquier tipo de reunión por teléfono, prepárate, toma notas, y recuerda respirar hondo y hacer pausas antes de responder. Un estilo indirecto es incluso menos claro y asertivo cuando no hablas en persona.

Ejemplo

Richard, jefe del área de recursos humanos de una gran empresa editorial, entrevistó a dos candidatos con experiencia similar, para una posición de editor jefe del departamento de literatura infantil.

La entrevista con su primera candidata, Gloria, criada en Puerto Rico, anduvo bien. Gloria había sido ayudante editorial para una casa editorial de la competencia por muchos años. Traería consigo la ventaja añadida de ser hispano parlante. Sin embargo, Richard no logró saber si algunos de los autores con los que Gloria trabajó habían sido descubiertos por ella o por otra persona del grupo. Gloria decía cosas como: "Teníamos una lista de autores muy innovadores", y "mi área ganó varios premios literarios". Cuando Richard le preguntó a Gloria si tenía alguna pregunta que hacerle, ella simplemente dijo que no, y le agradeció por su tiempo.

El segundo candidato de Richard, Gregory, también era ayudante editorial, pero trabajaba en una editorial de literatura para adultos. Aunque Richard pensó que era preferible tener experiencia con literatura infantil, Gregory hizo una mejor presentación de sí mismo como candidato. Tenía dos hijos, de 5 y 6 años, a quienes había leído cuentos todas las noches, desde su nacimiento. Le entusiasmaba la literatura infantil, y estaba completamente al día con las tendencias editoriales. Incluso ofreció algunas ideas acerca de lo que le gustaría ver publicado. Gregory compartió con Richard que había trabajado con varios autores que llegaron a ser best sellers. También había ayudado a mejorar el tiempo de producción de los libros, para que fueran a imprenta en un plazo menor.

Antes de terminar la reunión, Gregory le preguntó a su entrevistador cómo veía el área infantil de aquí a cinco años, una pregunta que Richard realmente agradeció, ya que mostraba el interés de Gregory en la empresa, y sobre todo en su área. Gregory luego dijo en tono muy entusiasmado: "Realmente he disfrutado este encuentro, y quiero que sepa que estoy muy interesado en esta posición. Creo que tengo las dotes y el entusiasmo que usted necesita para ver cumplida su visión".

A pesar de que Gloria estaba más cualificada para la posición, Gregory supo transmitir que era un mejor candidato. Gloria, con su estilo latino de comunicación, evitó hacer alarde de sus logros, y en lugar de ello, obligó al entrevistador a sacar sus propias conclusiones basándose en su actitud humilde a lo largo de la entrevista. En conclusión, él dedujo que ella no había hecho demasiado en su departamento por sí misma, y que sus logros habían sido obtenidos por todo el grupo, o bien por otras personas. De otra manera, ¿por qué no señaló ella exactamente lo que había hecho? Además, Gregory se mostró mucho más asertivo cuando hizo preguntas acerca del futuro del departamento de literatura infantil y cuando abiertamente expresó interés en el empleo.

Ser humilde no solo puede ir en tu contra durante una entrevista, sino que también puede limitar cuán lejos puedas llegar en tu carrera. Si quieres ser un líder, debes demostrar que sabes liderar. Y para que ello ocurra, a veces es necesario comunicarle a la gente tus conocimientos, tus logros y lo que tienes para ofrecer. Si no se los dices tú mismo, nadie lo hará por ti. Recuerda, Norteamérica es un país que valora los logros individuales.

Al igual que con el estilo indirecto, la humildad tiene un lado muy positivo. Te permite estar abierto a las ideas de otras personas, a sus comentarios e incluso a sus críticas sin dejar que tu ego se interponga. Las personas que siguen siendo humildes a pesar de su éxito, continúan aprendiendo de otros y de lo que la vida tiene para ofrecerles. Normalmente son los líderes más queridos.

SUGERENCIA PROFESIONAL

Cuando enfrentas una entrevista, debes entrenarte para explicar claramente tu rol en proyectos y tareas en los que has participado. No es el trabajo del entrevistador sino el tuyo explicar cuáles has liderado y en cuáles has colaborado con otras personas. No reclames el crédito por cosas que no has hecho tú, pero sí reconoce abiertamente tus éxitos.

EJEMPLO

Mabel, psicóloga cubana que ha vivido en los EE.UU. durante quince años, finalmente alcanzó su sueño de tener un segmento semanal en una cadena televisiva muy conocida. Después de que se emitiera el primer show, tuvo una reunión en su casa, con seis conocidos—tanto americanos como latinos—y les mostró el video de cinco minutos. Les pidió que fueran honestos con ella y que le dijeran absolutamente todo lo que necesitaba mejorar. Mientras tomaban café, hizo muchas anotaciones de sus sugerencias que iban desde su vestuario, a cómo se sentaba en la silla, el contenido de lo que había dicho, e incluso su velocidad al hablar. Mabel repitió el ejercicio una vez más, después de que fuera emitido el segundo segmento. Tomó en serio los consejos que le dieron y mejoró en todos los aspectos que le habían señalado, consiguiendo que su segmento fuera el más mirado de la cadena televisiva.

SUGERENCIA PROFESIONAL

La investigación muestra que las personas toman la decisión acerca de si les gustas o no durante los primeros segundos después de haberte conocido. Por lo tanto, durante una entrevista, ofrece un apretón de manos firme y buen contacto visual; no juegues con tu cabello, tus zapatos, o con el bolígrafo que tienes en la mano; no cruces los brazos; mantén una buena postura y ¡sonríe!

Ser lo suficientemente humilde como para compartir con otros su primera incursión en la televisión fue un acto de coraje. Pedirles que le hicieran una crítica para aprender de sus errores, fue una muestra de verdadera humildad. El estilo de comunicación de Mabel le permitió escuchar lo que decían los demás, sin ponerse a la defensiva. Esto le dio la oportunidad de corregir sus errores a tiempo y le abrió las puertas del éxito.

Utilizar tu humildad para estar siempre abierto a escuchar las sugerencias y comentarios de los demás sin ponerte a la defensiva es una de tus virtudes más fuertes que te llevarán a aprender y a crecer. Aún así, no dejes que tu humildad se interponga entre tú y la promoción o el empleo que deseas. Pon de manifiesto tus conocimientos, tus logros y lo que puedes aportar.

PRACTIQUEMOS

En situaciones relacionadas con el trabajo (entrevista de trabajo, "networking", curriculum vitae, etc.) es importante que hables de tus logros de tal manera que les permita a otros saber exactamente cuales son. La mejor forma de llegar a ser bueno en esto es practicar con los amigos y luego probar la técnica en tu ambiente de trabajo. El siguiente ejercicio te ayudará a dar el primer paso.

Escoge un amigo e invítalo a tu oficina. Explícale que tienes que practicar hablar acerca de ti mismo en situaciones profesionales. Luego emplea diez minutos en decirle lo que has logrado hasta ahora en tu carrera. También puedes hablar de los logros en tu vida si llevas un tiempo sin trabajar. Asegúrate de que hablas de ti mismo en singular y no en plural y que sólo hablas de tus logros personales.

Cuando termines, pide a tu amigo que te repita tus logros relacionados con tu profesión. Escuchar a otra persona darte retroalimentación reforzará tu concientización de todo lo que has logrado. Luego, pide a tu amigo que te diga las cosas que has logrado y que pasaste por alto.

JUSTIFICAR LOS ERRORES

Uno de los rasgos que distingue más claramente a los latinos de los americanos es la manera en que abordan los errores propios. La mayoría de latinos tiende a inventarse excusas acerca de por qué se produjo el error, o procuran repartir la responsabilidad entre varios. En cambio los americanos tienden a reconocer de inmediato que se cometió un error. Acto seguido, buscan una solución, piden disculpas, o bien piensan en lo que han aprendido del error. Luego siguen su vida. El impacto de este tipo de comportamiento es que vuelve la comunicación más honesta y directa.

¿Por qué a los latinos les cuesta tanto admitir sus errores? Probablemente haya más de un motivo. Para empezar, la cultura machista afecta a los hombres de una forma muy particular. Les cuesta admitir los errores porque quizá piensan que sería equivalente a mostrar una debilidad. Por lo tanto, rara vez aceptan abiertamente su responsabilidad.

Es bastante probable que este motivo se superponga con otros, como tomar las cosas demasiado personalmente. Muchos latinos, cuando cometen un error, sienten que son malas personas. Para ellos, admitir un error equivale a aceptar que son una mala persona. Alguna parte esencial de su ser se considera dañado al haber admitido un error.

En los Estados Unidos, por otro lado, las personas comprenden que todo el mundo comete errores ocasionalmente. Con tal de que estés dispuesto a responsabilizarte de los tuyos y aprender a explicar lo que anduvo mal de una forma clara, lo más probable es que te perdonen.

Este rasgo se puede observar fácilmente en el modo en que nuestros países son gobernados. Si no lo recuerdas, simplemente mira o escucha los noticieros en español. En países latinoamericanos, cuando algo va mal con una administración, la autoridad correspondiente siempre encuentra alguien a quien culpar. Las personas rara vez se responsabilizan de nada. En cuanto algo sale mal, emplean gran cantidad de energía señalándose unos a otros, sin resultado alguno. Es poco usual escuchar cualquier tipo de disculpa pública.

En los Estados Unidos, aunque los representantes de los partidos demócrata y republicano puedan diferir acerca de todo tipo de asuntos, cuando algo va mal, el tema es abordado, las personas responsables son identificadas, obligadas a disculparse, y retiradas de sus puestos. Luego la administración sigue su curso. De acuerdo, es una manera simplista de considerar los gobiernos y sus políticas, pero en términos generales, ilustra la gran diferencia entre los dos sistemas.

Si te criaste en un país latinoamericano, o eres de padres latinos, seguramente tiendes a poner excusas cuando cometes un error. Eso te puede dar una mala reputación en un entorno americano.

EJEMPLO

Robert era director de proyectos en el área de tecnología en una compañía de tamaño mediano, de peluquería de animales. Estaba a cargo del desarrollo de un nuevo sito Web que debía haber estado en línea una semana antes. Fue llamado a la oficina de su jefe, para explicarle por qué no había cumplido su plazo de entrega. Robert explicó: "Joan no me dio el contenido hasta ayer, y Peter no me dio los precios hasta hace dos días. Ahora que tengo todo lo que necesito, tendremos el sitio Web en marcha el lunes próximo". Robert no admitió que en última instancia el retraso era su responsabilidad (debería haberse asegurado de que su equipo entregara el material a tiempo), porque pensó que admitirlo le haría parecer incompetente.

El jefe de Robert lo miró incrédulo. Para él, estaba claro que era responsabilidad de Robert asegurar que el proyecto se realizara a tiempo. Decidió quitarle el proyecto a Robert y asignarlo a otra persona del departamento. A pesar de que Robert no perdió el empleo por ello, se sintió castigado y no comprendió el motivo.

El no haber admitido responsabilidad alguna por el retraso enojó a su jefe. Si Robert sabía que las cosas no iban bien, debía haber anticipado que no cumpliría el plazo de entrega, y debía haber adoptado medidas para asegurarse de que el proyecto saldría adelante, y debería haber avisado a su jefe, para que pudiera ajustar su propio calendario para el lanzamiento del sitio Web.

No solo Robert no asumió culpa alguna, sino que además ni siquiera pidió disculpas por el error. Actuó como si no hubiera tenido nada que ver con que el sitio Web no estuviera listo, y como si todo estuviera fuera de su control.

Lo que debió hacer Robert fue admitir abiertamente que no había avisado con tiempo suficiente a su jefe, que no manejó adecuadamente los plazos de entrega de los miembros de su equipo, y que había fallado el plazo de entrega por completo. Luego podría haber ofrecido la esperanza de que el sitio Web estuviera listo en el plazo de unos pocos días.

No admitir un error puede convertirse en un gran problema tanto en el trabajo como en una entrevista. A otros les parecerá que eres arrogante y un sabelotodo. También pueden llegar a pensar que no eres lo suficientemente maduro para admitir tus errores y para seguir tu camino. Justificar los errores nunca es una ventaja. Cuando te encuentres dispuesto a poner excusas, no abras la boca. Humildemente pide disculpas por cualquier error que hayas cometido, propón soluciones, y explica lo que aprendiste del desliz.

SUGERENCIA PROFESIONAL

⸏●●⸎

Admitir tus errores facilita establecer una comunicación sincera. La clave es concentrarte en el aprendizaje. Tu jefe por lo general te perdonará si le muestras que comprendes donde estuvo el error y que aprendiste algo del mismo. La negación no es un buen indicador de que has aprendido algo.

⸏●●⸎

PRACTIQUEMOS

Darte cuenta de que justificas tus errores es la clave para cambiar tu estilo de comunicación a uno más directo, para poder fácilmente admitir cuál fue el error, y asumir la responsabilidad cuando sea preciso. En este ejercicio, revisarás tus experiencias pasadas cuando manejaste errores, y las contrastarás con tus conocimientos recién adquiridos.

Piensa en algún error reciente que hayas cometido en el trabajo. (Por ejemplo, hiciste el pedido equivocado y tienes que pagar para devolver los productos.)

■ ¿Cómo manejaste el error? (¿Lo admitiste? ¿Procuraste ocultárselo a tu jefe o buscar una excusa?)

_____

_____

_____

■ ¿Cómo lo abordarías ahora que eres consciente de la mala imagen que ofreces cuando pones excusas?

_____

_____

_____

Mantente alerta, y la próxima vez que cometas un error recuerda evitar las justificaciones.

OFRECER DEMASIADAS EXPLICACIONES

¿Alguna vez te has encontrado escuchando a un colega latino contar una historia mientras tú pensabas, "por favor ¡ve al grano!" Todo el mundo ha estado en esa situación pero lo gracioso es que muchas veces tú puedes ser el que está dando rodeos. Generalmente, cuando un latino cuenta una historia, se siente en la obligación de explicar quien se casó con quién, a quien conocían cuando eran niños, etc. A los latinos les cuesta resumir una historia.

SUGERENCIA PROFESIONAL

Existen muchos programas de entrenamiento que te pueden ayudar a mejorar tu comunicación oral y escrita. Habitualmente se llaman "escritura activa" o algo similar. Toma en cuenta que esta habilidad—saber presentar tus ideas de forma eficaz—se puede aprender.

Los largos detalles con respecto a las interacciones sociales son extremadamente valiosos en la cultura Latina; muestran la relación entre los seres humanos, y hacen que la vida sea más interesante. No es ningún secreto que los latinos comparten una cultura de sentimientos. El dramatismo forma parte del día a día, y a la mayoría no le gustaría que fuera de otra forma. Sin embargo, cuando este rasgo se lleva al sistema norteamericano que es estructurado, racional y eficiente, esto puede conllevar dificultades si no se limitan las largas y excesivas explicaciones.

EJEMPLO

Shana, propietaria de una fábrica de camisetas, preguntó a su director de ventas, Horacio, si había completado su reporte de ventas semanal. Horacio, que llevaba trabajando en la fábrica dos años, dijo. "¿Recuerdas que la pasada semana hablamos de cambiar el formato del reporte para que incluyera cifras de ventas pasadas y futuras, porque pensabas que te ayudaría en la planificación financiera? Bueno, pues todavía no tengo las cifras, porque estuve trabajando sobre las ventas de ferias especializadas para los próximos seis meses, y me di cuenta de que muchas de esas ventas no se produjeron porque tenían que ver con los nuevos artículos que no están disponibles de inmediato. Así que tengo que volver a rehacer los números y todavía no los tengo". La jefa de Horacio se quedó muda ante tan larga respuesta. Ella había hecho una pregunta muy sencilla, y un "sí" o "no" por respuesta hubiera bastado.

Horacio pudo haber dicho: "todavía no las tengo. He tenido algunos retrasos, pero te los haré llegar en breve". Entonces, si Shana hubiera indagado acerca de los detalles, él le hubiera podido explicar que algunas órdenes se cancelaron porque no se sabía cuando estarían disponibles los nuevos artículos.

La necesidad de dar excesivas explicaciones puede confundir a tus interlocutores, o hacer que se impacienten. También puede transmitirles que no tienes las ideas claras o que no eres una persona organizada.

En un entorno social, el proporcionar detalles y contexto, siempre hace que tus historias sean más vivas e interesantes. Este rasgo te puede ayudar a establecer buenas relaciones, así como redes de contactos. En un entorno profesional, escucha las preguntas que te hacen otras personas y procura responder de la manera más concisa que puedas. Presta atención cuando das información de más o explicaciones demasiado extensas.

PRACTIQUEMOS

El primer paso para convertirte en un mejor comunicador, es ser un buen oyente. En el siguiente ejercicio, practicarás escuchar a tus colegas en el trabajo, y procurar imitar su estilo.

Durante los próximos dos días, escucha detenidamente la forma en que tus colegas norteamericanos responden las preguntas que les hacen sus jefes o compañeros.

■ Toma nota de cuáles son sus respuestas y cuánto tardan en responder.

_____

_____

■ Ahora, anota las formas en que tú hubieras respondido a las mismas preguntas, y cuánto crees que hubieras tardado en responder.

_____

_____

■ Compara ambas respuestas. ¿Son equivalentes? ¿En qué se diferencian?

_____

_____

Ahora, pon atención a las preguntas que te hacen otras personas en la oficina. Descubre lo que realmente quieren saber y procura responder de manera bien concisa.

Al principio te resultará extraño, pero a medida que te vayas acostumbrando a responder de manera menos extensa y emotiva, podrás mejorar tus oportunidades de éxito dentro del entorno de trabajo norteamericano.

INFORMALIDAD

Lo común en Latinoamérica es que te puedas presentar en la casa de cualquiera de tus familiares o amigos, sin avisar antes, y que seas bien recibido. Te pondrán un plato en la mesa y se alegrarán de que te unieras a ellos para el almuerzo, la merienda, la cena, o lo que sea. Las fiestas no se organizan con una duración preestablecida, y no es preciso confirmar la asistencia. Nadie realmente espera que sus invitados lleguen a tiempo. ¡Ya llegarán!

SUGERENCIA PROFESIONAL

Siempre que des referencias para potenciales empleadores, díselo a las personas a quienes hayas elegido. No supongas que les parecerá bien. También, aclara lo que esperas que digan o no digan acerca de ti. Este nivel de formalidad ayudará a tus referencias a que estén preparadas para poder hablar sobre ti cuando las llamen por teléfono.

EJEMPLO

Susana había invitado a su jefe, Jules, y a su esposa a cenar en su casa. Iba a preparar una estupenda paella. La tarde en que estaba prevista la cena, Susana se enteró de que el hermano y la cuñada de su jefe habían llegado a la ciudad procedentes de California el día antes. Sin dudar, Susana pidió a Jules que trajera a su hermano y a su cuñada a la cena. Esta reacción espontánea y cálida hizo que Susana ganara muchos puntos con su jefe, quien quedó impresionado por su generosidad y su capacidad de adaptarse a los imprevistos.

Si alguna vez has intentado trabajar con proveedores latinoamericanos, sabrás que tienes que adaptarte a su estilo. En general, su ética de trabajo es mucho más relajada. Los latinoamericanos no toman tan en serio los plazos de entrega como en EE.UU., ni viven para trabajar. En

SUGERENCIA PROFESIONAL

Ten en cuenta que mucha comunicación se produce de manera no verbal. Tu forma de vestir, por ejemplo, dice mucho de ti. En este aspecto, las compañías tienen reglas (y códigos) de vestimenta muy distintos. Siempre procura saber de antemano si te vas a entrevistar con una compañía más formal (como un banco, un estudio de abogados, etc.) o una empresa más informal (gremio de la manufactura, ventas, tecnología). En cualquier caso, siempre es mejor pecar de ir excesivamente bien vestido. Esto significa que un hombre debe llevar traje y corbata y pantalón, o falda de vestir para las mujeres, con poco maquillaje y pocas joyas.

sus vidas hay mucho espacio para la familia y la diversión, y a menudo un trabajo puede esperar al día siguiente para ser terminado. Mientras que la globalización está modificando la forma en que todos los países hacen negocios, las personas criadas en Latinoamérica, o que vienen de familias latinoamericanas, han interiorizado esos rasgos.

Esta informalidad espontánea y desestructurada, que hace que compartir momentos sociales con latinoamericanos sea muy divertido, es la misma informalidad que muchos llevan al terreno profesional. En ese plano, no es un rasgo que los norteamericanos particularmente aprecien.

EJEMPLO

Clara había estado trabajando como analista de negocios para una compañía de tamaño mediano durante cinco años, con muy buenos resultados. Estaba comprando su boleto para irse de vacaciones durante una semana, cuando se dio cuenta que había una oferta especial si se quedaba un par de días más. Supuso que su jefe comprendería su razonamiento y el haber extendido sus vacaciones sin consultarle primero. El jefe de Clara comprendió su razonamiento, pero no la forma en que fue manejada la situación.

PRACTIQUEMOS

Para ser más formal en el trabajo, debes comenzar a observar tu propio comportamiento y practicar en pequeñas áreas. El siguiente ejercicio te ayudará a avanzar en el proceso.

■ Haz una lista de áreas en las que identifiques que eres demasiado informal (por ejemplo, tu forma de presentar propuestas a tu supervisor, o tu manera de organizar reuniones con tu equipo).

_____

_____

_____

_____

■ Escoge un punto para mejorar. Anota los pasos que seguirás para aumentar el nivel de formalidad con que abordas esa área o esa tarea. (Por ejemplo, avisar con antelación, siempre que haya una pequeña posibilidad de que llegues tarde a una cita o una fiesta, o escribir tus propuestas en la computadora y entregarlas en una carpeta.)

_____

_____

_____

_____

■ Practica esto durante dos o tres días y anota tus observaciones. ¿Ves algún cambio en la forma en que te responden otros cuando te comportas de manera más formal? A medida que vayas ganando en formalidad en esta área, entonces podrás abordar los demás puntos de tu lista.

_____

_____

_____

PERFIL
Esteban Creste—Un gran comunicador

"Quizá" es una palabra que Esteban Creste, director de noticias de Telemundo Chicago, conoce bien. La tuvo que buscar una docena de veces en el diccionario cuando leía el New York Times para aprender inglés. Eso fue hace más de veinte años, cuando acababa de llegar a los EE.UU. y empleaba el estilo de comunicación indirecto, tan típico de los latinos. Incluso a pesar de que ahora habla inglés con fluidez, todavía se queja de que no hablarlo a la perfección le ha cerrado algunas puertas. "Los norteamericanos piensan que si no hablas inglés a la perfección, no eres un ganador", dice.

Con persistencia, y focalizándose en sus metas, Esteban ha avanzado en su carrera de reportero a director de noticias, utilizando su biculturalismo como una gran ventaja. "Siempre creí que yo era más sensible a la experiencia del entrevistado, porque yo tenía una visión multicultural del mundo. Además, ser de otro país pero vivir en esta realidad, me dio la ventaja de ver las cosas desde la distancia y al mismo tiempo, desde adentro".

Aún así, el hecho de que trabajaba para medios de comunicación hispanos, a veces le impedía entrevistar a celebridades que tenían la impresión de que su público sería demasiado limitado. Algunos pueblos pequeños dificultaban a Esteban el acceso a la información, y algunos políticos no le concedían tiempo suficiente para una entrevista. Tuvo que aprender a abordar estos obstáculos y confiar en que, con el paso del tiempo, las personas concederán el mismo acceso a los medios hispanos.

Si hay algo en lo que Esteban Creste cree ciegamente, es que la mayoría de los latinos que vienen a este país, trae consigo una ética de trabajo increíblemente fuerte. "Provenimos de culturas muy antiguas; tenemos mucho que aportar". Y de ninguna manera es él la excepción. Promocionado de editor jefe de la mesa de Nueva York a director de noticias en Chicago, Esteban trabaja muchas horas por día a un ritmo rápido y estresante. Sin embargo, su éxito se debe tanto a su trabajo como a su capacidad de servir al público y tomar las decisiones acertadas. ¿Cómo se realizan las decisiones difíciles, como qué noticias cubrir y cuáles no? "Mantengo reuniones a diario con todo mi equipo. Escucho sus sugerencias y preocupaciones, y entonces tomo la decisión final. Es interesante, porque siempre es una decisión bastante subjetiva. Pero creo que conozco a mi público y también sé lo que tienen que aprender incluso aunque no quieren hacerlo". Estas reuniones— que son el centro de toda empresa de noticias—son oportunidades diarias para pulir sus dotes de comunicación. El cuidadoso balance entre estar abierto a las ideas del personal de su equipo, y mantener su asertividad cuando toma una decisión, es una característica inequívoca de un líder.

Detrás de cada decisión que toma, hay una preocupación y un interés por la comunidad latina. Quiere ayudar, no solo con noticias de última hora, sino con acciones específicas, como cuando su equipo realizó cinco reportes sobre un hueco en una acera de la calle, hasta que las autoridades lo repararon. Este fuerte sistema de valores ha acompañado a Esteban a lo largo de toda su carrera, prueba de lo cual es el hecho de que todo el mundo que ha trabajado con él o que ha estado en contacto con él lo respeta profesionalmente y sienten gran simpatía a nivel personal.

Ese respeto no le ha llegado como consecuencia de haber sido agradable todo el tiempo. "Los latinos no saben decir que no a sus patrones. Tienen miedo de decir la verdad. Yo siempre digo lo que pienso. Si creo que una estrategia o una idea no va a funcionar con nuestro público, simplemente lo digo". Así es como finalmente aprendió la diferencia entre "quizá" y "no".

Esteban ha puesto en práctica muchas ventajas latinas para ser exitoso en su carrera—trabajo duro, perseverancia, un fuerte sistema de valores, y la capacidad de establecer buenas relaciones, por nombrar algunas. Pero también hay que subrayar que ha aprendido bien los códigos norteamericanos, y su capacidad de ser asertivo, de comunicarse bien, y decir no cuando es apropiado, junto con sus valores y ética profesional, le han ayudado a ganarse un lugar especial en el ámbito de las noticias.

7

MANEJO DE CONFLICTOS

L os latinos tienen fama de ser gente vivaz, llena de energía, apasionada, y a veces muy emotiva. En general, cuando se trata de expresarse, se inhiben menos que los demás. Sin embargo, este aspecto extravertido desaparece cuando se trata de manejar situaciones que conllevan conflicto. De hecho, tratar con el conflicto es algo con lo que los latinos no se sienten muy cómodos. Por el contrario, algunos dirían que los latinos harían cualquier cosa para evitar un conflicto.

EVITAR CONFLICTOS VS. SER POCO FIABLE

El reto que enfrentan los latinos es que la creencia general de que evitan los conflictos contribuye a su reputación de no ser completamente fiables. Y llevar la etiqueta de no ser fiable en Norteamérica puede tener un impacto realmente negativo sobre tus aspiraciones profesionales.

Superar esta debilidad puede resultar particularmente difícil. Muchos latinos comparten los mismos códigos y pueden anticipar (al menos la mayor parte del tiempo) cuándo la otra persona se está comprometiendo a algo y cuándo sólo intenta evitar una situación de conflicto. La gente dice a sus amigos que irá a su fiesta, cuando saben perfectamente que les resultará imposible. El reto es que Norteamérica es un verdadero crisol, en el que hay docenas de culturas diferentes interactuando cada día. Los latinos no pueden esperar que todos los demás comprendan su código secreto de comunicación y de evitar conflictos. Además, algunos comportamientos que son normales y aceptables para los latinos podrían tener el efecto contrario en una cultura distinta.

Otra idea a tomar en cuenta es que para los latinos las relaciones son tan importantes que en casos extremos la mayoría escogerá proteger cualquier relación por encima de la fiabilidad. En la cultura latina, a menudo es menos aceptado decir no a alguien que decir sí sabiendo que no podrás cumplir aquello a lo que te estás comprometiendo.

Dentro de la cultura norteamericana, es todo lo contrario. Esta cultura enfrenta con frecuencia el conflicto y la confrontación. Es aceptable decir que no—incluso se considera signo de independencia y fortaleza. Por otro lado, el ser poco fiable es una seria ofensa. En los Estados Unidos puedes decir que si o que no, pero luego tienes que cumplir tu palabra y honrar tu promesa.

En ocasiones, tus deseos entrarán en conflicto con los deseos de otra gente, y tus opiniones serán diferentes de las de otras personas. Para avanzar en tu carrera, la clave es aprender a expresar tus puntos de vista y a exponer con claridad tus objetivos. Si quieres controlar tu propio destino, deberás prepararte para pelear por tus objetivos. El problema es que la cultura Latina no pone mucho énfasis en los deseos del individuo, mientras que acá te incentivan a luchar por tus derechos, y a perseguir tus objetivos y tus metas. Es crucial para el éxito que tomes tus propias decisiones y que seas consecuente con ellas.

SUGERENCIA PROFESIONAL

Comprende dónde están los límites para los norteamericanos. Tu jefe puede salir contigo en la "happy hour" para tomar unos tragos en tu compañía, mientras hablan de deportes, pero al día siguiente, sigue siendo tu jefe. Los norteamericanos tienen esto muy claro. Los latinos a veces se confunden.

Ejemplo

Joe era un contador que trabajaba para un gran banco. Su jefa, Lorraine, era conocida por ser una directora estricta, pero inteligente y muy trabajadora. Además, se comunicaba poco, lo cual intimidaba a algunas personas del equipo. El rendimiento de Joe era bueno, pero no recibía mucha retroalimentación acerca de lo que hacía bien o en qué áreas debía mejorar. Pensó que era el momento de recibir una promoción, pero nunca había hablado de ello con Lorraine.

Sintiéndose frustrado, se dirigió a su director de recursos humanos para pedirle consejo. La respuesta que obtuvo fue la esperada: debería hablar con su jefa acerca de cómo se sentía y qué expectativas tenía. Aunque Joe comprendió lo que tenía que hacer, también se sentía muy frustrado acerca de toda la situación, y no podía reunir las fuerzas necesarias para dar voz a sus ideas, temiendo que la conversación se convirtiera en una confrontación. Poco después, comenzó a buscar otro empleo, y dejó la empresa. De hecho, Lorraine iba a promocionar a Joe. Presentó su renuncia pocas semanas antes de recibir el comunicado oficial.

Quizá la estrategia de Joe te resulte familiar. Para muchos latinos profesionales, es más fácil buscar otro empleo, que mantener una difícil conversación con sus jefes. Simplemente no se animan a establecer una reunión para pedir retroalimentación, lo cual podría conllevar momentos de tensión. Sin embargo, piensa que estos momentos de tensión rara vez son tan estresantes como lo puede ser buscar un nuevo empleo, lo cual implica ir a numerosas entrevistas de trabajo, aprender las reglas de un nuevo entorno laboral, conocer nuevos colegas de trabajo, etc. Lo peor es que quizá te estés poniendo

SUGERENCIA PROFESIONAL
———————————————

Hablar con tu jefe, sobre todo acerca de temas difíciles, siempre es duro. La experiencia muestra que, no importa de donde seas, la mejor estrategia es planificar la reunión cuidadosamente. Si se trata de algo que crees que mereces, como una promoción o un aumento, prepárate para mostrar ejemplos de tu contribución a la empresa. No entres en temas personales. Prepara un guión con lo que quieres decir, y practica con un amigo. No hay una receta universal para aliviar el nudo que sentirás en el estómago, pero estar preparado siempre ayuda.

———————————————

en la posición de que, en lugar de un ascenso que de a poco te lleve a la posición que mereces, te ofrezcan solo puestos que te fuerzan a hacer movimientos laterales. Aprender a superar este temor a enfrentar situaciones estresantes tomará tiempo y práctica, pero debes confiar en que se trata de una habilidad que definitivamente, puedes adquirir. El mundo profesional está lleno de latinos exitosos que han aprendido a combinar sus excelentes dotes para relacionarse con una manera eficaz de manejar el conflicto. Una forma de aprender esto es mediante la observación. Norteamérica es una gran escuela en la que aprender esta habilidad!

PRACTIQUEMOS

Superar tus instintos de evitar conflictos tomará esfuerzo de tu parte. Usa este ejercicio para reflexionar acerca de alguna situación pasada en la que no expresaste tu opinión e imagina los diferentes resultados, si lo hubieras hecho.

■ Piensa en tres ejemplos de situaciones en que tuviste una opinión diferente de otra persona en el trabajo y no dijiste nada. Reflexiona sobre la situación. (Por ejemplo, quizá una colega de trabajo sugirió una idea que no estabas seguro de que funcionaría.)

_____

_____

_____

- ¿Cuál fue la explicación racional que te diste a ti mismo por tu comportamiento? (Quizá tu colega estuvo trabajando más tiempo que tú en la empresa, y concluyes que él o ella sabe más que tú.)

_____

_____

_____

- Si hubieras dicho lo que pensabas ¿qué hubiera sido diferente? (Quizá podrías haberle ahorrado tiempo y dinero a la empresa, si hubieras señalado respetuosamente los errores de la sugerencia de tu colega de trabajo.)

_____

_____

_____

- Piensa en tres acciones que emprenderás la próxima vez. Recuerda, no estamos hablando de discutir, pelear, ni siquiera de una confrontación abierta (aunque dadas las circunstancias, todas estas cosas pueden llegar a ser necesarias). Se trata de adquirir un cierto grado de comodidad con la tensión asociada con un conflicto potencial—suficiente comodidad para poder expresar tus puntos de vista de manera clara y ordenada.

_____

_____

_____

LIDERAZGO Y CONFLICTO

Parece ser que el liderazgo y el conflicto siempre van de la mano. Si quieres ser líder, tendrás que enfrentar (o prepararte para enfrentar) muchas situaciones conflictivas.

Parte de ser líder implica tomar decisiones, escoger un camino a seguir e influenciar y persuadir a otros. Ninguna de esas cosas es posible sin algún nivel de conflicto por el camino. Si quieres ser líder, tendrás que acostumbrarte al conflicto y aprender a manejarlo con eficacia.

Además, el que los demás te vean como un seguidor en lugar de un líder es uno de los mayores obstáculos que enfrentamos los latinos hoy en día. Es esta percepción la que en muchos casos retrasa y ocasionalmente impide que los latinos alcancen posiciones de alta responsabilidad en Norteamérica. Mientras que hay muchos latinos exitosos en el sistema norteamericano hoy en día, el número no está creciendo con la rapidez que debiera, dado el enorme crecimiento de la población latina.

Por cada latino que decide arriesgarse, enfrentar conflictos y capturar el centro de la atención, hay muchos otros que, a pesar de tener todas las habilidades y motivación necesarias, deciden conformarse con roles secundarios. Esto se hace con demasiada frecuencia no por el hecho de no querer liderar, sino porque fallamos a la hora de utilizar nuestras habilidades innatas—que nos pueden convertir en excelentes líderes- para avanzar en nuestras carreras. Tú puedes ser un gran líder. Y sin embargo, primero debes decidir que deseas liderar.

De nuevo, el motivo de la reticencia cuando se trata de liderar se puede encontrar en las raíces de la cultura latina. Las universidades norteamericanas ponen mucho énfasis en enseñar a sus alumnos dotes de liderazgo. Desde muy temprana edad, los alumnos se acostumbran a trabajar en equipo, a preparar proyectos, y luego a presentar y a defender en público sus conclusiones. Ser líder es algo muy valorado y fomentado. Este no es el caso en la mayoría de universidades en Latinoamérica. En general, el sistema educativo está mucho más basado en el contenido y la mayor parte del trabajo se hace individualmente. También hay proyectos en grupo, pero no hasta el punto en que ocurre en el sistema norteamericano. El énfasis puesto en equipos y el liderazgo de equipos se hace extensivo al lugar de trabajo, lo cual pone a los latinos en desventaja, con respecto a sus homólogos norteamericanos, quienes han experimentado mucho más de este tipo de actividad. Si no estudiaste en los EE.UU. tendrás que ponerte al día en este aspecto.

Ejemplo

Anthony es programador de software para una empresa de tecnología de tamaño mediano. Es muy eficaz en trabajar en equipo y tiene la reputación de llevar las cosas a cabo. Durante una reunión de personal, su jefe pidió voluntarios para liderar algunos de los proyectos para el resto del trimestre. Había uno en particular que a Anthony le interesaba (y en el que era experto), pero cuando llegó el momento de hablar, él permaneció en silencio. Le dieron el proyecto a otra persona. Más tarde, Anthony abordó a sus colegas y se ofreció para ser parte del equipo.

Anthony sintió que había otros por delante de él para ese rol en particular, y que ya le llegaría el turno. Al final, no quiso agitar las aguas frente a sus colegas y perdió una valiosa oportunidad.

PRACTIQUEMOS

Ya sea que te hayas criado en Latinoamérica o que seas hijo de padres latinos, seguramente acarreas muchas contradicciones. Seguramente te animaron a demostrar lo que vales pero a ser discreto al mismo tiempo. El motivo de este ejercicio es reflexionar acerca de esas contradicciones, de algunas de las cuales quizá ni seas consciente.

Piensa en situaciones que recuerdas, que ilustren tu tendencia latina a adoptar roles secundarios (como la situación de la que hablamos en el capítulo 5). Es posible que cuanto más lejano te encuentres de tus raíces latinas, más difícil te sea encontrar un ejemplo. Algunas consideraciones específicas que debes tomar en cuenta incluyen las siguientes:

■ ¿Cuál fue el mensaje que te fue dado por tus padres acerca de cómo comportarte en Norteamérica? ¿Te animaron a tomar riesgos, o a que intentaras no hacerte notar y que simplemente te esforzaras en encajar? ¿Te animaron a ofrecerte de voluntario para liderar proyectos o clubes en la escuela, o bien te dijeron que dejaras el liderazgo en manos de otros?

_____

_____

■ ¿Cuáles fueron los motives que te dieron para procurar persuadirte de que te comportaras de ese modo? ¿Te dijeron que ya te llegaría tu turno, o que liderar no era tan importante?

_____

_____

■ ¿Viste una diferencia entre lo que te enseñaron tus padres y lo que enseñaron a sus hijos los padres de tus amigos? Piensa en el impacto que hayan podido tener algunos de esos mensajes sobre tu carrera. Considera ofrecerte como voluntario para el próximo proyecto en el trabajo, o bien pedir a tu jefe que te asigne mayor responsabilidad.

_____

_____

LAS TRES PS

Es importante tener presente cómo tu crianza y tus experiencias infantiles pueden afectar enormemente tu forma de pensar, comportarte, percibir y relacionarte con los demás. Si eres latino de segunda o tercera generación, cuya identidad es principalmente latina, y cuyo entorno es sobre todo latino, no te sorprendas de lo complejas que puedan llegar a ser las contradicciones entre tu cultura de origen y lo que fomenta el sistema.

Incluso si te sientes muy cómodo dentro del sistema norteamericano por la forma en que te educaron, nunca subestimes los mensajes que provienen de tus raíces. Más bien, sé proactivo y emplea las tres Ps—haz un Plan, Pruébalo y luego ponlo en Práctica.

Planificación

Planificar es algo crítico cuando enfrentas situaciones de conflicto en que tus emociones pueden sobrepasarte. Debes planificar siempre:

- antes de esa importante reunión con tu jefe;
- antes de una reunión en grupo, en que quieras expresar tu punto de vista; y,
- antes de una presentación que vayas a dar o a la que vayas a asistir (sobre todo si vas a compartir tu punto de vista).

No tomes a la ligera la planificación. Deberías prepararte para todos y cada uno de los detalles, incluso escribir un guión de lo que quieres decir (idea central, preguntas, etc.), y anticipar las preguntas que te puedan hacer.

Pruébalo

Una vez que tengas preparado tu plan, tendrás que probarlo delante de otras personas, para estar preparado para cualquier reacción que puedas suscitar. Puedes pedir a tu colaborador que te confronte, que se retraiga, y que cuestione tus puntos de vista. Nada te preparará mejor para poner en práctica el plan.

Ponlo en práctica

Una vez que lo hayas probado y ensayado, sólo tienes que ponerlo en práctica. Recuerda que si no das este último paso—si no tomas el riesgo de expresarte—nadie sabrá lo que piensas.

La clave es comenzar a niveles pequeños y a partir de ahí, seguir creciendo. No es preciso esperar a tener una gran reunión ni otro evento importante. Es más, es mejor que no pruebes una nueva forma de interacción en una situación que podría definir el resto de tu carrera profesional. Si comienzas dando pequeños pasos, practicando con situaciones en las que no estás poniendo demasiado en juego, aumentará tu nivel de confianza y de auto conocimiento, lo que te hará falta cuando enfrentes situaciones más estresantes. Por lo tanto, la próxima vez que tengas oportunidad, practica pedir aclaración sobre un punto sobre el que no estás de acuerdo, o bien educadamente pero con firmeza, expresa tu propio punto de vista.

COMUNICACIÓN

El método latino de abordar el conflicto tiene un impacto sobre el estilo de comunicación. El capítulo 6 estuvo dedicado a hablar acerca de estilos de comunicación, pero también es importante comentar este tema aquí.

Te preguntarás por qué se abordan estos dos temas en conjunto. Simplemente, porque durante las interacciones interpersonales, hay conflictos, y las interacciones se producen mediante el lenguaje. Además de todo esto, toma en cuenta que para muchos latinos, al menos hay dos barreras idiomáticas que superar—el inglés y el español—y que muchas de las interacciones que tienen lugar a diario se producen entre dos o más culturas.

Existen múltiples puntos de vista desde los que analizar la variable hispana. Algunos tienen que ver con el lenguaje en sí. El español es menos directo en general, y en comparación con el inglés, utiliza más palabras para comunicar cualquier mensaje. Es evidente que la influencia del español en tu vida dependerá del tiempo que hace desde que tu familia inmigró a los EE.UU. Sin embargo, cualquiera sea el momento en que tu familia aprendió inglés—mientras que al mismo tiempo conservó la lengua materna familiar-es probable que siempre hayan utilizado el inglés de una manera más suave y menos asertiva, en comparación con alguien que ha nacido y se ha criado en el seno de una familia norteamericana. Este es el estilo de comunicación que has aprendido a lo largo de tu vida.

Puedes argüir, naturalmente, que te has adaptado tanto que estas influencias lingüísticas son mínimas. Y sin embargo, recuerda que durante situaciones de conflicto, las emociones juegan un papel importante, y cuando esto pasa, todo el mundo instintivamente vuelve a sus orígenes. Cuando se trata del estilo de comunicación, lo más probable es que vuelvas a aquello que aprendiste en tu niñez. ¿En qué medida te afecta eso hoy en día?

- Puede ser que utilices demasiadas palabras para transmitir tu mensaje. A veces esto se hace para suavizar el impacto cuando comunicas algo difícil.
- Tu mensaje puede verse diluido por tu falta de asertividad, como cuando tu jefe se comprometió a algo, pero luego sus acciones no han coincidido con este acuerdo.
- Es posible que no recibas lo que mereces porque no comunicas tus deseos con eficacia. Esto podría significar simplemente establecer límites o bien pedir algo que quieres, como un merecido aumento de salario.

PRACTIQUEMOS

Cuando enfrentas situaciones estresantes en tu trabajo, es fácil esconderte tras tu estilo de comunicación poco asertivo para evitar el conflicto. Utiliza este ejercicio para reflexionar acerca de instancias en las que tu estilo de comunicación impidió que consiguieras algo que deseabas o necesitabas. Puede ser cuando quisiste algo— un aumento salarial, un proyecto, etc.—y en lugar de pedirlo directamente, diste señales indirectas, o cuando tuviste una buena idea pero no fuiste capaz de expresarla con eficacia.

- Toma nota de alguna de esas situaciones.

_____

_____

- ¿Cómo transmitiste tu mensaje? (¿Cómo expresaste tu interés, tu idea, o tu deseo?)

_____

_____

- ¿Cuál fue el resultado?

_____

_____

- ¿Qué crees que salió mal?

_____

_____

- ¿Cómo podrías emplear las tres Ps la próxima vez, para conseguir el resultado deseado?

_____

_____

El propósito de esta sección ha sido hacerte consciente de tu propio estilo de comunicación y ayudarte a identificar cómo te comunicas durante situaciones estresantes. ¿Cómo puedes superar este obstáculo y mitigar el impacto que podría tener sobre tu carrera y sobre tu vida? Vuelve a referirte a las tres Ps—planificar, probar y poner en práctica. Si las utilizas, conseguirás el éxito. Lo más importante es que comiences de a poco y vayas avanzando en base a tus éxitos.

PERFIL
Cecilia Gutiérrez—Reina de la determinación

Cecilia Gutiérrez ha sido exitosa en este país debido a su pura determinación. Ella podrá creer que su actitud jovial fue la clave que la ayudó a conseguir su empleo hace veinte años, como chef personal de Peggy y David Rockefeller, pero eso solo le abrió las puertas. Tener metas claras, perseverancia y ser totalmente confiable fueron los rasgos que la ayudaron no solo a seguir empleada por ellos, sino a llegar a administrar tres de las casas de los Rockefeller. Su determinación la ha ayudado a resolver muchos conflictos en su vida profesional, desde la necesidad de aprender inglés, hasta establecer su propia organización sin fines de lucro.

La historia de Cecilia está llena de ejemplos de barreras que superó gracias a su propia determinación. Dice que uno de los mayores obstáculos que enfrentan los latinos en este país, es que hay personas que piensan que los latinos no son capaces de hacer ciertas cosas. "Nadie cree que eres capaz de hacer algo hasta que lo haces y demuestras que estaban equivocados. Debemos demostrar a los norteamericanos que tenemos la misma capacidad que ellos. Lo que pasa es que somos tímidos, y tememos mostrar quiénes somos. Esta es una gran barrera que debemos superar. Debemos mostrar nuestros valores y nuestra capacidad de salir adelante".

Su estilo sutil pero asertivo siempre ha sido de gran valor no sólo en su trabajo para los Rockefeller, sino en su expansión hacia otra área muy diferente. Hace algunos años, Cecilia fundó una organización sin fines de lucro que defiende los derechos de los jornaleros, en la que ella emplea una gran parte de su tiempo, devolviendo a la comunidad. Ser capaz de vivir entre el mundo de los muy ricos y el de los muy pobres es un tributo a su flexibilidad latina y a su determinación de hacer lo que haga falta para corregir algo que está mal. También es prueba de su asertividad—se ha empeñado en utilizar su acceso a algunas de las familias más ricas del país para organizar eventos de recaudación de fondos, para poder llevar presentes a los niños pobres de Colombia. "La única manera de ser exitoso en este país, es involucrarse mucho en la cultura norteamericana, y no me refiero a aprender ingles, sino aprender de qué trata esta cultura, y cuáles son los motivos de que este país sea la primera potencia del mundo".

El compromiso de Cecilia tanto con los Rockefeller como con su organización sin fines de lucro la ha guiado durante años en los EE.UU. Ser clara—consigo misma, con sus jefes, y sus dependientes—acerca de sus capacidades y limitaciones con respecto a estas dos áreas de su vida le ha permitido seguir siendo confiable. Esta claridad la ha ayudado a resolver conflictos.

Cuando piensa en lo que hubiera hecho de manera diferente, dice que hubiera estudiado más—aun cuando tiene un título universitario en negocios, y tomó clases de cocina y de nutrición. Además de estudiar más, recomienda a otros que "siempre vayan hacia delante, siempre hacia delante. Nunca den pasos hacia atrás".

Cecilia ha hecho mucho más que simplemente aprender acerca de la cultura norteamericana. Ha aprendido extremadamente bien los códigos del sistema norteamericano, y al mismo tiempo ha conseguido enarbolar sus propias ventajas innatas. Cecilia es un ejemplo de un matrimonio de estos dos sistemas tan impecable como los almuerzos perfectos que organiza a diario para personalidades de la categoría de Nelson Mandela y la familia Rockefeller.

8

Establecer redes de contactos

En la primera parte de este libro, hablamos de lo que implica ser latino y el valor que traes al trabajo en términos de diversidad. Luego, identificamos los diferentes atributos de los latinos, incluyendo habilidades para establecer relaciones, un sólido sistema de valores, y flexibilidad. En esta tercera parte del libro, hemos comentado el estilo latino de resolver conflictos y los estilos de comunicación como oportunidades para mejorar. Manejar estas dos áreas bien es algo crítico para tu éxito cuando se trata de establecer redes de contactos, una de las actividades más importantes que tendrás que desarrollar para avanzar en tu carrera.

Para poder destacarte en el networking, tendrás que aplicar todas las ventajas que te proporciona tu origen latino, a la vez que controlas las desventajas que algunas veces contienen esos mismos rasgos. Los latinos son excelentes haciendo networking entre sí y a nivel social con los norteamericanos. El problema es que muchos latinos encuentran difícil identificar las metas del networking, y utilizar esta actividad para realmente avanzar en su carrera.

PRACTIQUEMOS

Antes de considerar lo que involucra el networking, es hora de realizar un sencillo ejercicio para ayudarte a identificar las diferencias entre el networking entre latinos y entre norteamericanos.

■ Anota nombres de personas a las que consideras contactos. No escribas sólo sus nombres, sino también su ocupación o su relación contigo. (Por ejemplo: Marta Juárez, prima.)

———————————————————————————

———————————————————————————

Pide a un amigo o colega norteamericano que tenga una amplia red de contactos que haga lo mismo. Compara el número de personas en cada lista.

Analiza lo siguiente:

■ ¿Qué tipo de personas consideró tu amigo como contactos y que tú excluiste?

———————————————————————————

———————————————————————————

■ ¿Cuál fue tu razonamiento para no incluir a esas personas en tu lista?

———————————————————————————

———————————————————————————

■ Mira de nuevo tu lista de contactos y la de tu amigo o colega norteamericano. ¿Se te ocurren personas de diferentes categorías a las que podrías incluir en tu red de contactos? (Por ejemplo, profesionales a los que ves con regularidad, como tu médico, tu contador, personas en asociaciones industriales, etc.) Anótalas.

———————————————————————————

———————————————————————————

Ahora, responde estas preguntas y continúa añadiendo más personas a tu lista:

■ Si tienes hijos, ¿podrías establecer redes de contactos con los padres de sus amigos?

_____

_____

■ Si vas a la iglesia o al templo, ¿podrías relacionarte con otros asistentes? ¿Y qué hay del cura, el pastor o rabino?

_____

_____

■ Si haces labores de voluntariado, ¿podrías relacionarte con otros voluntarios de la organización?

_____

_____

■ Si fuiste a la escuela o tomaste cursos en el pasado, ¿podrías contactarte con antiguos compañeros o maestros?

_____

_____

■ Si perteneces a algún comité, ¿podrías relacionarte con los demás miembros?

_____

_____

Ahora tienes un grupo mucho más significativo de contactos con el que trabajar.

A pesar de su amigabilidad, los latinos tienden a permanecer dentro de un pequeño círculo de amigos y familiares, cuando se trata de establecer contactos. Esto limita tu capacidad para crecer y progresar en tu carrera. Como probablemente habrás advertido con el ejercicio que acabas de realizar, tu amigo norteamericano tenía muchos más nombres en la lista que tú.

En la cultura latina, hacer negocios en eventos sociales es visto como de mala educación. Rara vez verás a los invitados intercambiar tarjetas de visita en una fiesta de navidad, por ejemplo, mientras que en este país, se trata de una práctica común. Es un ambiente relajado, todo el mundo la pasa bien, puedes hablar con los demás acerca de lo que ellos hacen y lo que haces tú, y pronto encontrarás que se pueden ayudar mutuamente. Si eres capaz de amordazar a tu juez interno (el que te dice que lo que estás haciendo es de mala educación), podrás disfrutar de la fiesta y al mismo tiempo establecer conexiones.

Sin embargo, mantener los negocios al margen del entorno social no es el único obstáculo que enfrentan los latinos a la hora de establecer y mantener redes de contactos. Siendo un grupo tan orientado hacia las personas, es difícil para los latinos no tomárselo personalmente cuando otro los rechaza. Por esta razón, a menudo, incluso cuando superaste la primera barrera e hiciste amistad con personas fuera de tu reducido círculo de amigos y familia, puede que evites pedir algo específico—un contacto profesional o una recomendación—sólo para no tener que enfrentar el rechazo.

SUGERENCIA PROFESIONAL

Está calculado que alrededor del 70%–80% de las vacantes se llenan con personas que se enteraron a través de otra persona sobre una oportunidad laboral. Ahora comprenderás por qué, si buscas avanzar en tu carrera profesional, tienes que expandirte más allá de los confines de tu familia. Debes dejar de pasar la mayor parte de tu tiempo libre en Internet, y debes entablar nuevas relaciones en persona. Habla con cuanta persona puedas. Acostúmbrate a hacer llamadas en frío. Únete a eventos en los que no conozcas absolutamente a nadie y habla con otras personas. Pide a tus amigos y colegas que te presenten a sus contactos. El networking puede ser intimidador, pero si recuerdas lo adepto que eres cuando se trata de establecer relaciones estrechas y de lealtad, no deberías tener ningún problema.

Llegado este punto, es crucial que comprendas que nunca deberías tomarte las cosas en forma personal cuando se trata de situaciones relacionadas con tu profesión. Un buen estilo de networking requiere establecer relaciones y estar preparado para encontrarte con algunas personas que no mostrarán mucho interés en ti ni en lo que tienes para ofrecer. Implica poder tratar con personas que te digan que no. Nada de esto debería descorazonarte, porque nadie pretende hacerte daño. Sólo es el modo en que funcionan acá las cosas. Si esperas encontrarte con personas que no están interesadas en lo que tienes que ofrecer ni en escucharte, te ahorrarás muchas desilusiones, ya que estarás preparado. Parte de esta preparación implica comprender algunas reglas básicas del networking.

¿QUIÉN ES UN CONTACTO?

A estas alturas, el concepto de que debes ampliar tus contactos fuera de tu círculo de familia y amigos seguramente esté cobrando relevancia. Se trata de que te des cuenta de que una red de contactos es, básicamente, una cadena—tú conoces a personas que seguramente conocen a otras personas que a su vez conocen a otras. Cuantas más personas conozcas, mayores serán tus oportunidades de avanzar en tu carrera profesional.

Si te criaste en Latinoamérica, toma en cuenta también que no has asistido a la escuela en este país. Dado que son los años formativos aquellos en los que las personas establecen la mayoría de sus contactos, tienes mucho tiempo que recuperar.

Se trata de que comiences a mirar el mundo de manera diferente. Además de confiar en tus amigos íntimos y tu familia, debes desarrollar muchas otras relaciones que funcionarán como red de seguridad, ya que cuando desees (o necesites) avanzar en tu carrera o desarrollar un nuevo proyecto, esos contactos te ayudarán a hacerlo de manera más rápida y mejor. Son la clave para abrirte puertas.

La comunidad latina es un grupo estupendo con el que establecer y desarrollar redes de contactos, ya que por naturaleza, se procuran ayudar unos a otros. Es sabido en el área de los recursos humanos que algunas comunidades son mejores que otras cuando se trata de colaborar entre sí profesionalmente, y los latinos en esto tienen ventaja. Si contratas a un latino para cualquier posición, en unos pocos años, lo más probable es que tengas a muchos más latinos trabajando en ese departamento o en esa compañía, lo cual no ocurre con todas las comunidades. Sucede entre los latinos, porque poseen virtudes que los convierten en candidatos ideales para el networking. Sólo tienes que aprender a establecer y desarrollar redes de contactos con latinos fuera de tu círculo de familia y amigos, además de con personas no latinas. El objetivo es que aprendas a relacionarte y a establecer sólidas redes de relaciones, lo cual a su vez te ayudará a avanzar hacia posiciones clave dentro de tu profesión.

Reglas básicas

Si piensas en el networking como otra manera de hacer amigos, te darás cuenta de que estás perfectamente capacitado para tener éxito. Porque de eso se trata. Debes cuidar de los demás, y estudiar de qué manera puedes ayudarlos, incluso antes de pensar en cómo te pueden ayudar ellos a ti. Esto debes convertirlo en algo automático; algo que haces siempre, sin esfuerzo. Sólo debes seguir algunas reglas para hacerlo bien y con los mejores resultados.

Lo primero que debes tomar en cuenta es que el networking implica trabajo. Tienes que ir a lugares, organizar eventos, participar en actividades, llamar a otras personas, enviarles la información que necesitan y darle seguimiento constante a cada una de tus acciones. Si lo haces como un modo de vida, desarrollarás relaciones duraderas que a largo plazo te ayudarán en tu carrera y mejorarán tu calidad de vida.

Sin embargo, en diferentes momentos, deberás utilizar o expandir tu red de contactos por motivos diferentes. Para hacer esto con éxito, será necesario prepararte en varias áreas. Para empezar, tendrás que tener claro lo que buscas. Por ejemplo, ¿quieres cambiar de empleo? ¿Cuáles son tus calificaciones y deseos para tu próximo avance profesional? ¿Simplemente quieres conocer otras personas para ampliar tus horizontes? ¿Qué les dirás acerca de ti?

Prepárate para hablar de tu capacitación y de tu experiencia. ¿Cuál es tu área de especialización? ¿Cómo te describirías a ti mismo? Es imperativo tener un breve resumen de tus experiencias. Debes ser capaz de describirte brevemente y con eficacia, a la vez que debes tener la capacidad de adaptar tu guión a tu público.

Es importante que recuerdes llevar siempre contigo tu tarjeta de visita, a donde quiera que vayas. Las tarjetas de visita proporcionan la información de contacto necesaria para hacer luego un seguimiento, y para recordar a tus potenciales contactos quién eres. Si no entregas tu tarjeta de visita cuando conoces personas relevantes, verás reducidas tus oportunidades de establecer algunos buenos contactos.

Parte del networking es el esfuerzo que conlleva establecer nuevos vínculos. A menudo, cuando has puesto tus miras en alguien a quien te gustaría conocer, es muy frustrante advertir que son inalcanzables. Esos son los que deberías empeñarte más en alcanzar, porque el resto de la gente también siente la misma frustración, y solo quienes perseveran lograrán ilegar a estos contactos.

Lo otro que debes tomar en cuenta es que hay una delgada línea entre networking y vender con descaro. Definitivamente no quieres que la gente salga corriendo en dirección contraria cada vez que te vean porque piensan que intentas venderles algo, ya sea un proyecto o un producto. Cuando te involucres en distintas oportunidades de establecer relaciones (como eventos especiales, fiestas, conferencias, etc.), utiliza tu carisma y asegúrate de recopilar tanta información acerca de la otra persona como la que compartas de ti mismo. Uno de los grandes secretos del networking exitoso es que se trata de un intercambio. Puede no ser simétrico, ya que el tomar y el dar puede no producirse simultáneamente, pero queda sobre entedido que este intercambio se producirá en algún momento. La clave es siempre dar primero. Sé extremadamente generoso con tu nuevo amigo; primero, averigua cómo puedes ayudarlo a alcanzar cualquiera de sus sueños. Ofrece ponerlo en contacto con personas que conoces y que lo podrían ayudar, y llámalos de su parte.

Si te criaste en Latinoamérica, has sido expuesto a este lado del networking, aunque no hayas sido consciente de ello. ¿Cuántas veces has dicho a un amigo: "voy a darte el teléfono de Jorge Pérez. Dile que llamas de mi parte. Me debe un favor." En cierto modo, el networking trata del flujo constante de favores. Una importante advertencia: nunca lleves las cuentas de quién da más. Debes estar dispuesto a dar todo lo que puedas a cada uno de tus contactos, igual que das a tus amigos. Te sorprenderán los resultados.

EJEMPLO

Josefina, terapeuta infantil, conoció en una fiesta a Carly, directora del programa de inglés como segunda lengua de un gran distrito escolar. Estuvieron hablando de la necesidad de que los padres aprendan más sobre la sexualidad de sus hijos, un tema de la especialidad de Josefina. Antes de que hubiera terminado la noche, intercambiaron tarjetas y Carly prometió llamar para darle el nombre de un contacto. Una semana más tarde, llamó para darle el nombre de Harriet, la trabajadora social a cargo de organizar seminarios en el distrito.

Harriet le contó acerca de los muchos programas disponibles sobre la crianza de los hijos, y compartió las increíbles historias de éxito que tenían. Los seminarios de Josefina serían un gran aporte a sus continuos esfuerzos para atraer más padres a la escuela. Organizaría una serie de sesiones que se llevarían a cabo en todas las escuelas del distrito, lo cual le proporcionaría a Josefina un contrato de gran envergadura.

Justo después de su conversación con Harriet, Josefina llamó a Gladys, una periodista que la había entrevistado unas semanas atrás, y compartió con ella la historia acerca de los programas del distrito escolar. Sugirió que quizá querría escribir un artículo acerca del éxito que tenía el distrito en involucrar a los padres. Gladys agradeció la sugerencia y prometió llamar por teléfono a la mañana siguiente. Josefina llamó a Carly, y además de contarle acerca del contacto con Harriet, le dijo que la periodista la llamaría al día siguiente.

Lo que se ve en este ejemplo, es cómo, en la fiesta de una amiga, Josefina se benefició de conocer a Carly, quien a su vez le presentó a Harriet, que la contrató para los seminarios. También se puede ver cómo de inmediato Josefina pensó en ofrecer publicidad positiva al distrito, lo cual es bueno tanto para Carly como para Harriet. También proporcionó a Gladys una buena historia, algo que los periodistas siempre buscan, y de esa manera, devolvió el favor a Gladys por haberla entrevistado.

Una cosa más que debes aprender de este ejemplo—la llamada de Josefina para poner al día a Carly acerca del contrato con Harriet para impartir seminarios. Siempre es buena idea mantener a tus contactos al tanto de cómo van las cosas cuando te refieren a otros contactos. A las personas, por naturaleza, nos gusta poder ayudar, y agradecemos el que nos reconozcan nuestras buenas acciones.

PRACTIQUEMOS

Prepárate para hablar a otras personas sobre ti de manera interesante y atractiva. Lo que le dices a quienes conoces por vez primera seguramente será distinto dependiendo de la fase de tu vida y de tu profesión en la que te encuentres. Ajusta tu presentación a tus circunstancias.

Piensa en los principales aspectos que definen quién eres, lo que sabes, de dónde vienes y el valor que contribuyes. No te focalices solo en tu lado profesional—piensa también en tus aficiones, intereses, y cualquier cosa que transmita algo que contribuya a que conectes con otra persona. Recuerda que el networking implica hacer amigos y conectar a nivel humano con otra persona.

Prepara diferentes versiones de tu presentación para utilizarlas en situaciones distintas—una más corta (que generalmente se denomina el discurso del ascensor)—que deberías ser capaz de hacer en uno a tres minutos, y otra, más detallada, que puede ser más flexible. Puedes imprimir este discurso en una tarjeta para entregarla a otros cuando establezcas relaciones en tu búsqueda de trabajo.

A continuación verás un ejemplo de un discurso de ascensor que utilizarías en el caso de buscar empleo.

"Soy secretaria médica con cuatro años de experiencia en el consultorio de un médico general. Domino Microsoft Word, Excel, PowerPoint, Access, y Outlook. Mi trabajo más reciente fue en la práctica dental del doctor Ricardo Pereyra, en la ciudad de México DF, donde fui valorada por mis excelentes dotes telefónicas y por saber manejar la presión con calma. He recibido bonos extra por mi contribución a la eficiencia de la práctica. Tengo las habilidades profesionales requeridas para trabajar como asistente personal, y soy bilingüe".

A continuación, hay un discurso que utilizarías si simplemente estuvieras conociendo a otras personas a las que añadir a tu red de contactos durante un evento social.

"Vivo en Nueva York. Soy secretaria médica en el consultorio de un pediatra en Jackson Heights. Es un gran lugar, y tengo oportunidad de hacer lo que más me gusta que es trabajar con niños. No tengo hijos propios así que para mí es un trabajo ideal. Procuro calmarlos y entretenerlos para que no lloren. Juego con ellos, les leo cuentos...todo esto entre que atiendo el teléfono y hago citas. Estoy siempre muy ocupada, ¡pero la mayor parte del tiempo me divierto mucho!"

Redacta tu propio discurso y luego practícalo con tus amigos y con tu familia hasta que logres hacerlo con naturalidad.

Otra regla básica del networking—y quizá la más importante si quieres ser exitoso—es dar seguimiento. Nada se concretará si no sigues en comunicación con tus nuevos amigos. Debes mantener el vínculo, proporcionarles información que sea útil para ellos, ofrecerles nuevos contactos, mantenerlos al día sobre tu propio progreso, invitarlos a eventos especiales, etc. La mayoría de las personas acude a numerosos eventos a lo largo del año y van recogiendo tarjetas de visita en cada uno sólo para echarlas en el fondo de un cajón y olvidarse de las personas a quienes conocieron. Si no puedes recordar a quienes te dieron su tarjeta, significa que no tuviste una interacción significativa con ellos. No descubriste cuáles son sus intereses, lo que hacen, ni cuáles son sus metas. Si no eres capaz de recordar eso, la tarjeta no tiene ningún valor. De modo que, apenas conozcas a alguien, toma notas en el reverso de su tarjeta para recordarte lo que prometiste enviarle, personas a quienes prometiste hablar de su parte, etc. Y ¡mantén el contacto!

LOS MEJORES LUGARES PARA ESTABLECER CONTACTOS

Ahora que lo ves desde una perspectiva global, es importante que pienses en algunos lugares donde tengas la oportunidad de conocer a mucha gente a la vez. Según cuál sea tu área de interés tendrás diferentes opciones. Puedes comenzar por hacerte miembro de organizaciones hispanas, pero no te detengas ahí. Otros lugares lógicos para que comiences incluyen organizaciones profesionales, ferias de tu industria, reuniones de la cámara de comercio local, conferencias, seminarios, comités de trabajo, juntas directivas, y ferias de empleo. Estos grupos y situaciones te ofrecen un entorno en el que hay muchas personas de tu misma industria bajo un solo techo.

El secreto es ser capaz de abordar a otras personas de forma educada pero asertiva para intercambiar ideas, intereses comunes, posibles sinergias, y tarjetas de visita. Si tomas en cuenta que la mayoría de los participantes de esas reuniones también están ahí para conocer a otras personas y establecer contactos, no te sentirás fuera de lugar cuando tú hagas lo mismo.

Networking en la práctica

Para establecer y mantener redes de contacto exitosas, es importante que te focalices en cómo te recordarán otras personas. Conoces a mucha gente por día, así que piensa en esto: ¿Qué te hace sobresalir del resto? ¿Es realmente único lo que tienes para ofrecer? Incluso si lo es, la gente tiende a olvidarte si no tiene nada con qué asociarte a ti, tu producto, tu servicio o incluso tu presentación.

Considera la siguiente situación. Digamos que has escrito un libro y necesitas publicitarlo. Investigas el mercado, te contactas con reporteros y productores de radio y televisión, esperando que te entrevisten. Si tu intención es escribir más libros, lo más probable será que tengas que volver a contactar a las mismas personas cuando salga al mercado tu próximo título. ¿Qué debes hacer para seguir dentro del radar de estas personas hasta entonces?

Si te tomas el tiempo para estudiar el negocio de los medios de comunicación, pronto descubrirás que está siempre hambriento de ideas. Cada día todas las emisoras de televisión, de radio, periódicos y sitios en Internet están desesperados por encontrar contenido nuevo y fresco. Si tienes buenas ideas, aunque no sean sobre tus libros, vale la pena que las compartas con tus contactos. Ya tienes acceso a estos productores de noticias por lo tanto, deberías proporcionarles información que puedan utilizar. Alimentar a tu red de contactos es una clave que tienes que recordar siempre. Por ejemplo, en este caso, proporcionar ideas para programas de televisión o artículos, te da un motivo perfecto para seguir en contacto con personas que te volverán a ayudar en el futuro. Quizá quieras comenzar escribiendo artículos acerca de un tema de tu especialización y publicarlos en la prensa. No solo lograrás que tu nombre siga circulando, sino que continuarás desarrollando relaciones dentro de la industria. Lentamente pasarás de ser un extraño a formar parte de ella.

Tomando en cuenta que establecer redes de contacto implica desarrollar relaciones, deberías pasar tiempo con ellas, y aprender todo lo que puedas acerca de ellas. ¿En qué momento de sus carreras están tus contactos? ¿Están contentos? ¿Desean cambiar de trabajo? Cuanto más sepas, mejor posicionado estarás para poder ayudarlos.

Por ejemplo, descubres que Margaret, que trabaja en CBS, quisiera encontrar empleo en Univisión, y sabes que John, productor jefe de Univision, desea encontrar nuevos talentos. Naturalmente, los pones en contacto. Al ayudar a otras personas a avanzar en sus carreras y a resolver asuntos personales, te encontrarás en el centro de la acción. De pronto, no eres "solo" otro autor más (o cualquiera que sea tu profesión)— eres alguien de armas tomar. Eres alguien que hace que las cosas ocurran para los demás. No sólo tomas, sino que también das, y ojalá des más de lo que recibes. Esta regla es la base del networking eficaz.

SUGERENCIA PROFESIONAL

Las entrevistas informativas son una forma eficaz de establecer redes de contacto. Si estás interesado en abordar una nueva área profesional, puedes plantear una reunión informativa con personas que ya trabajan en ese campo. Ya que no hay presión para hacer una oferta de trabajo, generalmente estas reuniones son más relajadas para ambas partes. Esto también puede proporcionarte buenos contactos para el futuro.

El networking es de mucho valor para tu carrera. Te ayuda a propulsarla hacia delante, ya que te abre puertas cuando lo necesitas ayudándote a ver cumplidos tus sueños. Recuerda, el networking siempre es bidireccional. El día que olvides devolver las llamadas de los demás, o ayudar a alguien que te necesita, será el día que se empiecen a cerrar las puertas ante ti. Los demás buscan tanto acceso como buscas tú.

PRACTIQUEMOS

Además de saber quién eres y cuáles son tus metas, para mejorar tus dotes para establecer redes de contactos, también es importante saber todo lo que puedes ofrecer a las personas a las que conocerás. Al responder este cuestionario, tendrás—en un mismo lugar—todo lo que puedes compartir cada vez que conozcas a una nueva persona.

■ Anota cuales son tus áreas de conocimientos y especialización (cosas que conoces bien).

_____

_____

_____

■ Haz una lista de personas clave que conoces y a las que tienes acceso.

_____

_____

_____

■ Haz una lista de información privilegiada a la que tienes acceso (podría ser cuándo saldrá al mercado la nueva colección de otoño donde tú trabajas, lo que da a los compradores la oportunidad de prepararse; o quizá sepas de nuevas vacantes en tu empresa).

_____

_____

_____

■ Haz una lista de organizaciones a las que tienes acceso (organizaciones y clubes profesionales, etc.).

_____

_____

_____

■ Haz una lista de cosas a las que tienes acceso (podría ser capital financiero, espacio libre o gratis para mantener reuniones, etc.).

_____

_____

_____

Todos los puntos que has enumerado son cosas que tienes para ofrecer cuando estableces redes de contacto. Las personas a las que conozcas quizá necesiten acceso a fondos que tú puedes conseguir, o necesiten tu contacto con el director del departamento de diversidad de tu empresa, o bien quieran hablar contigo porque conoces a varios profesionales de diferentes áreas que son bilingües y que serían de gran valor para una compañía que busca personas de estas características. Este es tu capital, y tienes que desarrollarlo y mantenerlo constantemente. Lo que esto implica es que debes alimentar tu capital en la misma medida en que alimentas tu red de contactos. No deberías sentir que tienes asegurado a nadie.

Los latinos tienen un carisma y una sociabilidad natural que los convierte en excelentes candidatos para

SUGERENCIA PROFESIONAL

Los programas de referencias de empleados (Employee Referral Programs, o ERPs), son programas mediante los cuales los empleados actuales de una empresa puede referir a personas que conocen para cubrir vacantes, y se han convertido en una importante fuente de candidatos para las empresas, y en una forma de ganar dinero extra para los empleados (casi siempre conllevan una recompensa económica). El motivo es sencillo—los empleados que vienen a través de estos programas normalmente se adaptan mejor a la empresa, ya que tienen una mejor idea de cómo es la cultura corporativa de la empresa antes de trabajar para ella, cortesía de las personas que los han referido. Además, como persona que refiere a otras, tendrás a tu favor muchas personas agradecidas, que estarán dispuestas a ayudarte cuando lo necesites.

ser exitosos en el networking. Entienden el poder de tener un grupo extenso de personas que protegen sus intereses. Para establecer y mantener redes de contacto de forma exitosa, debes prepararte y poner el esfuerzo que requiere. No subestimes el nivel de profesionalidad que necesitas aplicar a esta actividad para ser exitoso en ella. Tienes que estar siempre preparado, y nunca te tomes nada en forma personal. No creas que tienes asegurada tu red de contactos—aliméntala con frecuencia. Sé consciente de lo que tienes para ofrecer. Sólo aprenderás a establecer y mantener una red de contactos mediante la práctica, y cuanto más practiques, mejor lo harás.

PERFIL
Lillian Ortiz—Defensora del acceso igualitario

Lillian Ortiz es abogada, y vicepresidente del Colegio Nacional de Abogados Hispanos. Esa descripción, sin embargo, no hace justicia a su trayectoria. A pesar de que sus difíciles comienzos son similares a lo que han padecido muchos otros latinos para poder conseguir el sueño Americano, lo cierto es que Lillian a vivido y continúa viviendo una vida un tanto inusual.

Sus padres, que tenían muy poca cultura, y eran muy pobres, vinieron de Puerto Rico, en busca de una vida mejor. Su padre trabajó muchas horas y probó diferentes trabajos, hasta que encontró su profesión en el diseño en metal. Gracias a su duro trabajo y grandes sacrificios, su situación mejoró, y Lillian tuvo la oportunidad de asistir a una escuela católica, primero en el Bronx, y más tarde en Long Island.

"Esta es la tierra de las oportunidades, y la educación es la llave que te puede abrir todas esas puertas", explica Lillian, que estudió Asuntos Internacionales en la Universidad de Colorado. Comprendió a temprana edad el poder de la educación como vehículo conductor para alcanzar sus sueños, dadas las oportunidades que las redes de contactos en las universidades ponen a disposición del alumnado. Cree que muchos latinos no se dan cuenta del importante rol de la educación para abrir puertas.

Asuntos Internacionales solo fue la primera carrera de Lillian. Luego siguió una licenciatura en educación, luego una maestría en español y finalmente un título en leyes a los cincuenta años de edad, cuando ya había criado dos hijos. Las leyes se convirtieron en su pasión y el área en que se focaliza mayormente hoy día. Dado que menos del 2% de todos los alumnos de leyes son latinos, a Lillian le preocupa la composición del sistema judicial. "Que no haya abogados latinos significa que no hay jueces latinos; y con la gran proporción de minorías que pasan por el sistema criminal y judicial, es muy importante conseguir abogados y jueces que comprendan el bagaje multicultural".

Las leyes distan de ser el único interés de Lillian. Nunca para de aprender y de compartir lo que aprende con otros, mediante la participación en distintos foros e incluso en la política. (Lillian fue designada a la oficina de asuntos latinos en la sede del gobernador de Ohio.) También habla varios idiomas, un punto sobre el que hace hincapié. "El idioma tiene un valor económico, pero para extraer todo su valor, tienes que dominarlo, y me refiero a ambos idiomas: el inglés y el español, tanto hablado como escrito".

Ella cree que los latinos se sienten muy cómodos en su entorno inmediato. "Es una falsa sensación de seguridad", dice Lillian. De modo que anima a los latinos a incursionar fuera de su apretado círculo y a que aprendan de otros. Cuando se le pregunta acerca de las áreas en que los latinos deben mejorar, Lillian pone el networking en primer lugar, y la mentoría al mismo nivel. Admite que gran parte de su éxito es debido a estas dos valiosas habilidades. "Los norteamericanos son expertos absolutos en esto. Comprenden el concepto de la mentoría y lo poderoso que puede ser como herramienta de desarrollo". Lillian toma ventaja de ser mentora a diario para conectar a personas entre sí y además continuar avanzando en su propia carrera.

Al preguntarle acerca de los atributos más importantes para que los latinos sean exitosos en Norteamérica, Lillian no duda un instante. "Tenemos los valores adecuados (conservadores) para este país, y esto es clave; tenemos modelos muy sólidos en nuestras familias, y la mayoría ha sacrificado mucho para venir acá". Sin embargo, también señala que es muy importante para los latinos aprender cómo funciona el sistema para poder aprovechar mejor los recursos disponibles. "Los latinos no participan lo suficiente", se lamenta, "y la única manera de influir en el sistema es involucrarse activamente". Según dice Lillian, los latinos no se organizan con tanta facilidad como otros grupos étnicos, con lo cual pierden la oportunidad de seguir extendiendo su influencia en este país. El futuro se ve brillante para los latinos mientras que continúen desarrollando este punto tan crucial- siempre que aprendan a establecer redes de contactos con grupos y asociaciones principales que les puedan ayudar a avanzar dentro del sistema norteamericano.

Obviamente, Lillian debe su éxito en gran parte a su convicción de que la educación y la cultura abren puertas y a su incansable dedicación a establecer y mantener redes de contacto. Conocer a personas que la han puesto en contacto con otras personas siempre le ha permitido involucrarse en asuntos que son relevantes para ella y para la comunidad latina.

❦

PARTE 4

CÓMO SE COMBINA TODO

Epílogo

Los números no son suficientes. Necesitamos mucho más para aumentar nuestra influencia en Norteamérica. Debemos continuar mejorando y trabajando duro para mostrar cuán absolutamente esenciales son nuestros valores y habilidades para que EE.UU. siga manteniendo su posición de supremacía en el mundo.

A lo largo del libro, hemos procurado darte herramientas variadas que te ayudarán a mejorar tus posibilidades de éxito. Lo mucho o poco que obtengas de ellas estará en función de tu nivel de compromiso con adquirir la Ventaja Latina.

Como hemos repetido, te tomará trabajo: reflexión, práctica, y sobre todo, auto-conocimiento. Siempre has de tener en cuenta que las ventajas que tienes como latino podrían fácilmente convertirse en defectos en el sistema norteamericano si no las manejas adecuadamente.

Creemos que ha llegado el momento de que los latinos reclamen su lugar bajo el sol. Todas las condiciones necesarias ya se han cumplido y Norteamérica está preparada para apreciar todo el valor que podemos añadir. Ahora te toca a ti hacer tu parte.

Para resumir las ideas presentadas en estas páginas, repasemos las principales lecciones que creemos que debes aprender:

❏ Adquiere auto-conocimiento.

- ■ Conoce bien tus rasgos innatos para poder manejarlos eficazmente.
- ■ Recuerda la importancia de la imagen que proyectas, para alcanzar el éxito.
- ■ Pide retroalimentación a menudo, ya sea de tu jefe, tus colegas o tus amigos. Ten en cuenta que las percepciones son una realidad para quienes las tienen.

❏ Crea tu propia imagen.

- ■ Aprende a identificar los estereotipos y lucha contra ellos exitosamente. Negar tus orígenes no es la manera de hacerlo.
- ■ Muestra tu individualidad.

❏ Usa tu diversidad de manera positiva.

- ■ Recuerda que las compañías se pelean por esa idea única que les dará la ventaja, y que tu diversidad podría ser la clave.
- ■ Aprende siempre los aspectos positivos y no tan positivos de tu cultura de origen.
- ■ Consigue mantener un balance.
- ■ Sé tú mismo/a. Conoce la riqueza de tus raíces.

❏ Tiende puentes con otros grupos minoritarios y no minoritarios.

- ■ Aprende de ellos. Tal como los latinos tienen virtudes y defectos, igual les pasa a todas las culturas.

❏ Enseña a otros.

- ■ Es tu responsabilidad enseñar a otros latinos y no latinos lo que has aprendido, como el poder de la diversidad de perspectivas y la importancia del auto-conocimiento.

❏ Nunca dejes de aprender.

■ La única manera de tener éxito es tener ventaja sobre los demás; y la clave de mantener esta ventaja es aprender trucos nuevos.

❏ Establece metas claras para ti mismo y para tu carrera.

■ Las metas deben ser específicas, realistas, y tener un plazo.

■ Revisa tus metas a menudo, para asegurarte de que todavía reflejan tu motivación, tus deseos y el contexto en el que estás.

A

Directorio de

RECURSOS

A medida en que vayas implementando muchas de las ideas que hemos compartido en el libro, te encontrarás buscando recursos que te ayuden a apoyar tu crecimiento. Hemos compilado una lista de algunos recursos de gran utilidad, que quizá quieras explorar: incluye organizaciones privadas y gubernamentales, portales de empleo que son particularmente útiles para latinos, y asociaciones profesionales, además de libros que te ayudarán en toda una serie de áreas.

Por favor, toma en cuenta que con los cambios constantes que tienen lugar en Internet, algunos de estos sitios Web cambiarán su dirección o su diseño para el momento en que leas este libro. Si tienes dificultad en encontrar un sitio, busca el nombre de la organización o empresa en el buscador de Internet, y seguramente encontrarás la nueva dirección.

RECURSOS DE EMPLEO

American Staffing Association (ASA)
277 South Washington Street
Suite 200
Alexandria, VA 22314
703-253-2020
Fax: 703-253-2053
www.americanstaffing.com

Organización sin fines de lucro que promueve el interés de sus miembros: empresas de personal. Su sitio Web te permite buscar por estado, y luego escoger agencias que se especializan en tu profesión o tu ocupación.

CareerOneStop
www.careeronestop.org
877-348-0502

Una colección de herramientas que operan como una sociedad federal-estatal, financiada por subvenciones a estados. Cada herramienta ofrece una solución única desde la perspectiva del buscador de empleo, el empleador, y la comunidad de empleados públicos. Incluye tres herramientas separadas de recursos profesionales: 1) *America's Job Bank* te permite buscar en una base de datos de más de un millón de empleos a nivel nacional, crear y poner tu currículum vitae en Internet, y establecer una búsqueda de empleo automatizada. La base de datos contiene una amplia gama de empleos generalmente a tiempo completo para el sector privado, disponibles por todo el país. Se pueden ver en **www.ajb.org**. 2) *America's Career InfoNet* proporciona información acerca de los requisitos educativos, sobre licencias y certificaciones para diferentes ocupaciones, por estado. También proporciona información sobre salarios, costo de vida, y tendencias de empleo, y ayuda a los que buscan empleo a identificar sus habilidades y a redactar currículos y cartas de presentación. Visita su sitio Web en **www.acinet.org**. 3) *America's Service Locator* ofrece listados de oficinas locales de servicios de empleo, que ayudan a buscar trabajo y a que los empleadores encuentren trabajadores cualificados, sin costo para ninguno de los dos.

Hispanic Alliance for Career Advancement (HACE)
25 East Washington
Suite 820
Chicago, IL 60602
312-435-0498
Fax: 312-435-1494
www.hace-usa.org

Organización especializada en ayudar a latinos a desarrollar una carrera profesional. Puedes poner tu curriculum y buscar ofertas de empleo en la base de datos.

League of United Latinoamerican Citizens (LULAC)
2000 L Street, NW
Suite 610
Washington, DC 20036
202-833-6130
www.lulac.org

Ofrece empleo y programas de formación, hace investigaciones y promueve el registro de votantes. Tiene muchos enlaces a organizaciones privadas y gubernamentales, medios, sitios y portales latinos, centros de políticas, etc.

National Association of Personnel Services (NAPS)
P.O. Box 2128
Banner Elk, NC 28604
828-898-4929
www.recruitinglife.com

Es la organización que certifica a nivel nacional a reclutadores profesionales. Tienen un directorio online que enumera agencias de empleo de todo tipo, por especialización ocupacional y por cobertura geográfica.

National Association of Workforce Boards
4350 North Fairfax Drive
Suite 220
Arlington, VA 22203
www.nawb.org (haz clic en el directorio de miembros para encontrar tu estado)
703-778-7900 ext. 111 (para información sobre el departamento local)

Esta organización representa juntas laborales lideradas por empresas, que planifican y supervisan programas de entrenamiento laboral a nivel estatal y local, como los One Stop Centers. Estos centros están especializados en ayudar a otras personas a superar cualquier barrera que les pueda impedir encontrar empleo. Ofrecen formación acerca de una variedad de temas, además de dar consejo y referencias.

IMPORTANTES ASOCIACIONES HISPANAS

Hispanic Association on Corporate Responsibility (HACR)
1444 I Street, NW
Suite 850
Washington, DC 20005
202-835-9672
Fax: 202-457-0455
www.hacr.org

Organización sin fines de lucro, cuya misión es liderar la inclusión de hispanos en la Norteamérica corporativa a un nivel que corresponda a sus contribuciones económicas.

National Society of Hispanic Professionals (NSHP)
1835 Northeast Miami Gardens Drive
#313
North Miami Beach, FL 33179
www.nshp.org

Organización sin fines de lucro cuya misión es ofrecer a los profesionales hispanos información y conexiones. Su propósito es proporcionar a los profesionales hispanos oportunidades para establecer contactos y liderazgo, además de información sobre educación, carreras, y asuntos empresariales.

League of United Latinoamerican Citizens (LULAC)
2000 L Street, NW
Suite 610
Washington, DC 20036
202-833-6130
Fax: 202-833-6135
www.lulac.org

Organización sin fines de lucro cuya misión es avanzar la condición económica, los logros educativos, la influencia política, la salud y los derechos civiles de la población hispana de los Estados Unidos.

National Association of Latino Elected and Appointed Officials (NALEO)
1122 West Washington Boulevard
Los Angeles, CA 90015
213-747-7606
Fax: 213-747-7664
www.naleo.org

Organización no partidista 501(c)(4) cuyo distrito electoral se compone principalmente de los más de seis mil oficiales latinos electos y designados.

National Council of La Raza (NCLR)
Raul Yzaguirre Building
1126 16th Street, NW
Washington, DC 20036
202-785-1670
www.nclr.org

La mayor organización de derechos civiles y defensa de minorías en los Estados Unidos. Junto con sus afiliadas, conduce estudios sobre la población hispana.

National Hispanic Corporate Council (NHCC)
1530 Wilson Boulevard
Suite 110
Arlington, VA 22209
703-807-5137
Fax: 703-842-7924
www.nhcc-hq.org

Organización sin fines de lucro que busca ser el centro de información de mercadeo hispano, especialización y consejo para empresarios.

National Hispanic Employee Association (MENTóR)
25A Crescent Drive
#312
Pleasant Hill, CA 94523
202-842-4812
www.mentores.org

Organización sin fines de lucro que ofrece oportunidades de entrenamiento, mentoría y networking.

New America Alliance
6688 North Central Expressway
Suite 625
Dallas, TX 75206
214-466-6410
Fax: 214-466-6415
www.naaonline.org

Organización de líderes de negocios americano-latinos, unidos para promover el avance de la comunidad americana-latina.

SER—Jobs for Progress National, Inc.
5215 North O'Connor Boulevard
Suite 2550
Irving, TX 75039
972-506-7815
Fax: 972-506-7832
www.ser-national.org

Corporación sin fines de lucro con especial énfasis en abordar las necesidades de los hispanos en las áreas de la educación, el entrenamiento en habilidades laborales, alfabetización, y oportunidades de empleo. El sitio Web tiene una lista de empleos muy amplia.

PORTALES DE EMPLEO (INTERNET)

Bilingual Jobs: **www.bilingual-jobs.com**

Sitio Web diseñado para personas que dominan el inglés y que también dominan otro idioma.

Careers.org: **www.careers.org**

Un estupendo sitio donde encontrarás una completa lista de sitios Web que te ayudarán en tu búsqueda laboral. Tiene enlaces con sitios Web que muestran listados de empleos por estado, área profesional, y muchas más categorías.

CVlatino: **www.cvlatino.com**

Puedes poner tu curriculum, buscar empleo y encontrar una buena lista de sitios Web latinos.

Diversity Inc: **www.diversityinc.com**

Este es el sitio Web de la revista DiversityInc, una revista que se obtiene por suscripción y que incluye artículos relacionados con la diversidad en el trabajo. Con la suscripción, también adquieres acceso a la lista de las primeras compañías que contratan minorías.

Ihispano.com: **www.ihispano.com**

Un sitio de empleo especializado en trabajos específicos para latinos.

Imdiversity.com: **www.imdiversity.com**

Un sitio de empleo especializado en ofertas de empleo para minorías.

Joblatino: **www.joblatino.com**

Sitio donde puedes poner tu curriculum y buscar empleo. También ofrece sugerencias útiles y enlaces con organizaciones latinas.

Latpro: **www.latpro.com**

Este sitio Web está especializado en empleos para el profesional latino. Pon tu currículum y busca empleos por todo el país. También puedes suscribirte a su servicio de e-mail para recibir empleos que cumplan tus requisitos de búsqueda.

Saludos.com: **www.saludos.com**

Este sitio Web incluye una lista de empleos y compañías de primera línea que contratan latinos.

ASOCIACIONES Y RECURSOS PROFESIONALES

The Association of Latino Professionals in Finance and Accounting (ALPFA)
801 South Grand Avenue
Suite 400
Los Angeles, CA 90017
213-243-0004
Fax: 213-243-0006
www.alpfa.org

Asociación profesional sin fines de lucro, dedicada a mejorar oportunidades para latinos en contaduría, finanzas y profesiones relacionadas.

Hispanic Alliance for Career Enhancement (HACE)
25 East Washington Street
Suite 820
Chicago, IL 60602
312-435-0498
Fax: 312-435-1494
www.hace-usa.org

Organización especializada en ayudar a latinos a desempeñar carreras. Puedes poner tu currículum y buscar ofertas de trabajo en su base de datos.

Hispanic National Bar Association (HNBA)
815 Connecticut Avenue, NW
Suite 500
Washington, DC 20006
202-223-4777
Fax: 202-223-2324
www.hnba.com

Asociación nacional sin fines de lucro que representa los intereses de más de 25.000 abogados, jueces, catedráticos de leyes y estudiantes de leyes hispano-norteamericanos en los Estados Unidos y Puerto Rico.

Hispanic Nurses Association
1501 16th Street, NW
Washington, DC 20036
202 387-2477
Fax: 202-483-7183
www.thehispanicnurses.org

Organización sin fines de lucro que promueve que enfermeros hispanos mejoren el cuidado de la salud de la comunidad latina. Organiza una conferencia anual.

National Society of Hispanic MBAs (NSHMBA)
1303 Walnut Hill Lane
Suite 100
Irving, TX 75038
214-596-9338
Fax: 214-596-9325
www.nshmba.org

Organización sin fines de lucro que promueve el liderazgo hispano mediante educación superior en gerencia y desarrollo profesional para mejorar la sociedad.

National Association of Social Workers (NASW)
750 1st Street, NE
Suite 700
Washington, DC 20002
202-408-8600
www.naswdc.org

Con 153.000 miembros, NASW trabaja para mejorar el crecimiento y desarrollo profesional de sus miembros, para crear y mantener estándares profesionales, y para avanzar en las políticas sociales. Puedes encontrar información sobre conferencias, empleos, certificaciones y mucho más en su sitio Web.

National Association of Hispanic Journalists (NAHJ)
1000 National Press Building
529 14th Street, NW
Washington, DC 20045
202-662-7145
Fax: 202-662-7144
www.nahj.org

Dedicada al reconocimiento y avance profesional de los hispanos en la industria de los medios de comunicación.

National Hispanic Medical Association (NHMA)
1411 K Street, NW
Suite 1000
Washington, DC 20005
202-628-5895
Fax: 202-628-5898
www.nhmamd.org

Ofrece a aseguradoras médicas y profesionales de la salud información experta y apoyo para mejorar los servicios de salud a las comunidades hispanas de toda la nación.

Society of Hispanic Professional Engineers (SHPE)
5400 East Olympic Boulevard
Suite 210
Los Angeles, CA 90022
323-725-3970
www.shpe.org

Promueve el desarrollo de hispanos en la ingeniería, la ciencia, y otras profesiones técnicas para que consigan la mejor educación, oportunidades económicas e igualdad social.

Society of Mexican American Engineers and Scientists (MAES)
711 West Bay Area Boulevard
Suite 206
Webster, TX 77598
281-557-3677
Fax: 281-557-3757
www.maes-natl.org

Organización con membresía nacional, que representa a todas las disciplinas de ingeniería y científicas de la comunidad mexicana-norteamericana.

Recursos para negocios latinos

Hispanic Business
425 Pine Avenue
Santa Barbara, CA 93117
805-964-4554
Fax: 805-964-5539
www.hispanicbusiness.com

Un portal hacia la comunidad empresarial hispana por todos los EE.UU. que cuenta con un folleto que incluye a todos los empresarios latinos que intentan hacer negocios con grandes corporaciones.

Hispanic Business Women's Alliance
The Atrium Center
530 Avenida de la Constitución
San Juan, Puerto Rico 00901
787-289-7843
www.hbwa.net

Comunidad online que permite que las mujeres hagan negocios, compartan información e ideas y colaboren con otras mujeres hispanas en Norteamérica, Latinoamérica, el Caribe, y España.

Latin Business Association
120 South San Pedro Street
Suite 530
Los Angeles, CA 90012
213-628-8510
www.lbausa.com

Organización profesional dedicada al éxito de negocios hispanos.

United States Hispanic Chamber of Commerce (USHCC)
2175 K Street, NW
Suite 100
Washington, DC 20037
800-USHCC86
202-842-1212
Fax: 202-842-3221
www.ushcc.com

Organización que procura poner de manifiesto y en la agenda económica nacional las preocupaciones y temas de interés del más de un millón de empresas de propiedad hispana. El sitio permite encontrar cámaras de comercio por estado.

United States-Mexico Chamber of Commerce (USMCOC)
Binational Headquarters
1300 Pennsylvania Avenue, NW
Suite G-0003
Washington, DC 20004
202-312-1520
Fax: 202-312-1530
www.usmcoc.org

Corporación sin fines de lucro, y organización binacional dirigida a promover el intercambio comercial e inversiones entre las dos naciones americanas. La cámara representa más de mil negocios en los Estados Unidos y México.

The Women's Business Centers
Office of Women's Business Ownership
Small Business Administration
409 3rd Street, SW
6th Floor
Washington, DC 20416
202-205-6673
www.onlinewbc.gov

Representa una red nacional de más de cien centros educativos diseñados para asistir a las mujeres a establecer y desarrollar pequeñas empresas. Su meta es ayudar a las mujeres a conseguir la autosuficiencia mediante la independencia económica. Ofrecen toda una gama de cursos de formación para enseñar a mujeres a establecer y dirigir un negocio. Visita su sitio Web para encontrar programas en tu zona dedicados a latinas.

Becas para latinos

Hispanic Scholarship Fund
55 2nd Street
Suite 1500
San Francisco, CA 94105
877-HSF-INFO (877-473-4636)
Fax: 415-808-2302
www.hsf.net

Hispanic Scholarship Fund (HSF) es la organización que más apoya la educación universitaria entre hispanos. HSF fue fundada en 1975, con la visión de fortalecer el país, mediante el avance de la educación universitaria entre hispano-norteamericanos—el mayor segmento minoritario de la población de EE.UU. En apoyo de su misión de doblar la proporción de hispanos que obtienen títulos universitarios, HSF proporciona a la comunidad latina más becas universitarias y apoyo educacional que cualquier otra organización del país. Distribuyó veinticinco millones de dólares en becas para latinos entre 2005 y 2006.

Hispanic College Fund
1717 Pennsylvania Avenue, NW
Suite 460
Washington, DC 20006
800-644-4223
www.hispanicfund.org

La misión de Hispanic College Fund es educar y desarrollar a la próxima generación de profesionales hispanos. Los programas de becas se focalizan en desarrollar a la juventud latina que estudia para obtener títulos en negocios, ciencias, tecnología y matemáticas.

Otorgan becas meritorias y basadas en necesidades a estudiantes latinos, y les proporcionan visión de futuro, recursos, herramientas, y mentores, para que puedan desarrollar todo su potencial como profesionales y líderes. En el 2006, HCF otorgó 550 becas por un total de 1,4 millones de dólares.

Mexican American Legal Defense and Education Fund (MALDEF)

1717 K Street NW
#311
Washington, DC 20036
202-293-2828
Fax: 202-293-2849
www.maldef.org

MALDEF es una organización nacional sin fines de lucro cuya misión es proteger y promover los derechos civiles de los más de cuarenta millones de latinos que viven en los Estados Unidos. Asegurando que no hay obstáculos que impidan que esta comunidad diversa alcance sus sueños, MALDEF trabaja para garantizar los derechos de los latinos, sobre todo en las áreas de empleo, educación, derechos de inmigrantes, acceso político, e igualdad de recursos públicos. En su sitio Web, encontrarás una lista de becas para estudiantes latinos indocumentados.

RMHC/HACER Scholarship Program

Scholarship Program Administrators
P.O. Box 22376
Nashville, TN 37202
www.lomcximo.com

Programa de becas patrocinadas por Ronald McDonald House Charities, McDonald's Corporation, y McDonald's Hispanic Owner/Operators Associations a nivel local, se focaliza específicamente en estudiantes latinos que acuden a la escuela secundaria con un promedio de 3.0 GPA que son residentes de los EE.UU. Distribuyeron alrededor de 1,6 millones de dólares en los EE.UU. en el año 2005-2006.

Gates Millennium Scholars
P.O. Box 10500
Fairfax, VA 22031
877-690-4677
www.gmsp.org

Gates Millennium Scholars (GMS), financiado por una subvención de Bill & Melinda Gates Foundation, fue establecido en 1999 para proporcionar a estudiantes destacados afro americanos, norteamericanos indígenas, nativos de Alaska, americanos de las islas del Pacífico, y estudiantes hispano-norteamericanos la oportunidad de completar una educación de bachillerato (undergraduate) en todas las áreas y disciplinas y una educación con título de graduado (graduate) para los estudiantes de matemáticas, ciencias, ingeniería, educación, bibliotecología o salud pública. La beca ofrecida por Gates Foundation está administrada a través de United Negro College Fund, que se asocia con Hispanic Scholarship Fund para otorgar fondos a estudiantes hispanos.

AYUDAS GENERALES

Centers for Disease Control—Office of Minority Health
Mailstop E-67
1600 Clifton Road, NE
Atlanta, GA 30333
404-498-2320
Fax: 404-498-2355
www.cdc.gov/omh

Incluye servicios proporcionados por el U.S. Department of Health and Human Services que son de particular interés para la comunidad hispana y para organizaciones que sirven a hispanos.

Concilio Hispano
105 Windsor Street
Cambridge, MA 02139
617-661-9406
Fax: 617-661-8008
www.conciliohispano.org

Organización sin fines de lucro que ofrece servicios para la comunidad Latina de la ciudad de Boston. Se focalizan en promover la cultura, identidad, y el avance de latinos y otras minorías.

El Centro Hispano, Inc.
800 Allegheny Avenue
Suite 127
Pittsburgh, PA 15233
412-322-2716
Fax: 412-322-2718
www.pghhispaniccenter.org

Corporación sin fines de lucro ubicada en Pittsburgh, cuya misión es asistir a familias que desean mudarse exitosamente a esta región del suroeste de Pennsylvania.

Hispanic Association of Colleges and Universities (HACU)
www.hnip.net

Representa las más de trescientas universidades y facultades comprometidas con él éxito latino en estudios superiores en EE.UU., Puerto Rico, Latinoamérica, y España.

LIBROS Y PUBLICACIONES

The Americano Dream—ISBN #0452278317—Por Lionel Sosa, editado por Plume.

Publicado en 1999, es igualmente vigente hoy día. Sosa combina su historia personal con valiosas observaciones culturales que abordan la vida familiar, los negocios y la educación.

Ayude a sus Hijos a Tener Éxito en la Escuela: Guía para Padres Latinos (Help your Children be Successful in School: Guide for Latino Parents)—ISBN #1572485477—Por Mariela Dabbah, editado por Sourcebooks.

Guía paso a paso para que los padres latinos puedan comprender cómo funciona el sistema educativo norteamericano. Desde la logística involucrada en la escuela, hasta cómo ayudar a tu hijo a desarrollar habilidades académicas con actividades diarias, a cómo involucrarte en el sistema escolar cuando no tienes tiempo, este libro disipa los mitos y proporciona claves para ayudar a tus hijos a ser exitosos.

Best Careers for Bilingual Latinos—ISBN #0844245410—Por Graciela Kenig, publicado por McGraw-Hill.

Un estupendo recurso acerca de las mejores carreras para latinos bilingües.

Cómo Conseguir Trabajo en los Estados Unidos: Guía para Latinos (How to Get a Job in the U.S.: Guide for Latinos)—ISBN #1572484888—Por Mariela Dabbah, publicado por Sourcebooks.

Guía práctica, repleta de consejos de expertos, escrito desde la perspectiva Latina para encontrar trabajo en los EE.UU., incluye recursos disponibles para quienes buscan trabajo, los mejores métodos para encontrar empleo, técnicas para escribir un currículum ganador, cómo sobresalir en una entrevista de trabajo, y cómo negociar una oferta de empleo.

Cómo Escribir un Currículum Vitae en Inglés que Tenga Éxito—ISBN #0844272949—Por Marcia Seidletz, publicado por McGraw-Hill.

Este libro está lleno de ejemplos de currículos para todo tipo de ocupaciones. El formato bilingüe (los curriculos están todos en español y en inglés) ayuda a los lectores en la transición de escribir su currículum en español a traducirlo al inglés.

Fund Your Future: Winning Strategies for Managing Your Mutual Funds and 401(K)—ISBN #0425196054—Por Julie Stav, publicado por Berkley Trade.

En esta versión actualizada de *Fund Your Future*, Julie Stav, locutora de un popular programa de radio en radiocadena Univision, muestra paso a paso como establecer metas financieras y examinar tus actuales planes de inversión, para determinar si estás invirtiendo de la manera más rentable. Su característica mezcla de apoyo y sugerencias prácticas y expertas, elimina el temor cuando se trata de hacer inversiones y pone a tu alcance el camino hacia la riqueza.

Get Your Share: A Guide to Striking It Rich in the Stock Market—ISBN #0425193977—Por Julie Stav, publicado por Berkley Trade.

Esta detallada guía para invertir en la bolsa y en bonos, debería ser leída por cualquiera que esté preparado para ir más allá de una cuenta de ahorro y plazo fijo. Aborda los principios de ser propietario de patrimonio, de tal manera que no da por supuesto ningún conocimiento previo de los lectores. El libro explica también un detallado sistema para analizar el valor individual de la bolsa, de sectores de la bolsa y del mercado en general. El tema del libro es técnico, pero Julie Stav sabe explicarlo sin sonar condescendiente.

Job Search Guide for Latinos—ISBN #0764128698—Por Murray Mann y Rose Mary Bombela-Tobias, publicado por Barron's.

Este libro presenta una guía completa diseñada para proporcionar respuestas a latinos e hispanos que buscan trabajo, dentro de niveles de experiencia desde estudiantes universitarios hasta gerentes de nivel medio. Si eres un latino en busca de trabajo, encontrarás información de fácil acceso y consejos que podrás usar de inmediato.

Latino Success—ISBN #0684833425—por Augusto Failde y William Doyle, publicado por Fireside.

Un inspirador libro con historias y consejos de cien latinos exitosos. Incluye una lista de las cien mejores compañías para latinos. El libro fue publicado en 1997 pero la información es valiosa y es vigente.

Los 7 pasos para ser más feliz: Cómo Liberarte del Estrés, las Preocupaciones y las Angustias del Pasado (The 7 steps to Being Happier: How to Free Yourself from Stress, Worries and Anxieties from the Past)— ISBN #9780307276575—Por Dr. Isabel Gomez-Bassols, publicado por Vintage.

La felicidad es la cualidad más buscada en el mundo de hoy. En su libro más reciente, la Dra. Isabel, presentadora de un programa de radio muy popular en radiocadena Univision, ofrece consejos, ejercicios y técnicas para ayudarte a alcanzar un mayor nivel de felicidad en tu vida.

The Money in You!: Discover Your Financial Personality and Live the Millionaire's Life—ISBN #0060854901—Por Julie Stav, publicado por Rayo.

Julie Stav, presentadora de un popular programa de radio en radiocadena Univision, nos presenta cinco tipos de personalidad financiera diferentes. Según dice Julie, es nuestra naturaleza financiera—el modo en que manejamos temas monetarios—lo que predice nuestro futuro financiero. Julie muestra a los lectores que ni una enorme cantidad de información ni un alto nivel de especialización en el mercado superan la importancia de la verdad fundamental que todos olvidamos—que solo podemos construir riqueza, conseguir seguridad, y establecer el éxito personal, cuando reconocemos nuestras fortalezas y debilidades.

Think and Grow Rich: A Latino Choice—ISBN #0345485610—Por Lionel Sosa con la Napoleon Hill Foundation, publicado por Ballantine Books.

El más reciente libro de Lionel Sosa muestra cómo, mediante la aplicación de los principios probados de preparación, competencia, trabajo duro y sinceridad, diseñados por el legendario autor motivacional Napoleon Hill, Sosa avanzó desde pintar carteles por 1,10 dólares la hora, a dirigir la agencia publicitaria hispana más grande de Norteamérica. En esta guía hacia la prosperidad, Sosa comparte su inspiradora historia de logros, además de las de otros miembros respetados de la comunidad latina.

When I Say No, I Feel Guilty—ISBN #0553263900—por Manuel J. Smith, publicado por Bantam; reedición.

Un gran libro con consejos prácticos para ser asertivo cuando es necesario.

PRACTIQUEMOS

El objetivo de estas actividades es ayudarte a reflexionar acerca de tus orígenes y acerca de algunas de las ventajas (y desventajas) que ya tienes como resultado de tus raíces. Muchas de estas, son cosas que haces sin pensar—formas de abordar un tema, resolver un problema, interactuar con otras personas, etc. Analizarlas y desglosarlas en partes más pequeñas te ayudará a comprender lo que haces y cómo lo haces. Será un tanto difícil al principio, pero después de practicar un poco, podrás extraer las habilidades genéricas que tu herencia latina te ha proporcionado, y aplicarlas a diferentes situaciones.

APROVECHAR AL MÁXIMO LAS OPORTUNIDADES

Para aumentar tu consciencia con respecto al impacto de tus raíces culturales en tu lugar de trabajo, comienza con una sencilla actividad.

■ Enumera algunas ocasiones en las que tu origen latino te ayudó de alguna manera. (por ejemplo, alguien compartió información importante contigo, recibiste un encargo más importante en el trabajo, etc.).

_____

_____

_____

■ ¿Por qué crees que pasó esto?

_____

_____

_____

Ahora piensa en la situación contraria.

■ Enumera algunas ocasiones en las que tu origen latino te impidió progresar de alguna forma (por ejemplo, los demás hicieron presuposiciones acerca de tu comportamiento, o tu capacidad, etc.).

_____

_____

_____

■ ¿Por qué crees que pasó esto? (Procura pensar en cosas que hiciste de forma activa. Si fuiste el objeto de una acción discriminatoria, reflexiona acerca de eso también.)

_____

_____

_____

USAR TU IDIOMA

Si todavía no has probado utilizar el idioma como herramienta para establecer relaciones, prueba cualquiera de las siguientes opciones. Toma nota de lo que pasa en cada situación.

■ En el restaurante, cuando adviertas que el mesero o el maître habla español, ordena en español. Y si no dominas el español, al menos di: "Hola ¿cómo está?" Si tú eres el mesero o mesera y adviertes que un cliente habla español, dale la bienvenida en ese idioma.

_____

_____

_____

_____

■ En la escuela de tus hijos, cuando adviertas que un empleado habla español, dirígete a él o ella en ese idioma.

_____

_____

_____

_____

■ Si conoces a alguien con quien congenias y tiene antecedentes latinos, di algunas palabras en español, para ver cómo reacciona.

_____

_____

_____

_____

Cuando utilices el idioma incluso en situaciones informales, comprobarás cómo le brillan los ojos a tu interlocutor, y lo más seguro es que sientas una conexión que dará como resultado un mejor servicio, una propina mayor y todo tipo de oportunidades.

LOS ESTEREOTIPOS Y LA BATALLA POR CONSEGUIR EL BALANCE

Recuerda una situación en la que realizaste un gran esfuerzo para distanciarte de tus raíces latinas (podría ser para evitar que te estereotiparan). Por ejemplo, quizá negaste tus orígenes, al no contarle a nadie en el trabajo que hablas o comprendes el español, o decidiste no formar parte del grupo hispano de tu empresa, o hiciste comentarios negativos acerca de los latinos a tus colegas para asegurarte de que nadie te asociara con ellos.

■ ¿Cuál fue la situación?

_____

_____

_____

■ ¿Qué hiciste?

_____

_____

_____

_____

■ ¿Cuál fue el estereotipo (impuntualidad, falta de responsabilidad, etc.)?

_____

_____

_____

■ ¿Cuál fue la explicación que te diste a ti mismo como justificación de tus acciones?

_____

_____

_____

■ ¿Cuál fue el resultado?

_____

_____

_____

_____

Ahora, procura pensar en la misma situación, y reflexiona acerca de formas en las que podrías apreciar tu cultura, sacar provecho de las ventajas que te puede proporcionar en el trabajo y aún así formar parte de la cultura americana.

■ ¿Qué harías de manera diferente?

_____

_____

_____

_____

■ ¿Qué beneficio te proporcionaría esa actitud?

_____

_____

_____

_____

■ ¿Cómo puedes darle la vuelta a la situación ahora? (Por ejemplo, si en el pasado no te uniste al grupo latino en la oficina, podrías hacerlo ahora.)

_____

_____

_____

_____

LA IMPORTANCIA DE LA FAMILIA

Piensa en una importante fiesta que hayas organizado para tu familia. Puede ser una fiesta de quinceañera o una boda –no importa. Procura recordar todas las personas a las que invitaste para que pudiera celebrarse el evento. Seguramente hablaste con muchos individuos que te conocen bien, para que te ayudaran a coordinar el almuerzo, la música, las decoraciones, los vestidos, el lugar, etc.

■ Haz una lista de todas las actividades que tuviste que realizar.

_____

_____

_____

■ Haz una lista de obstáculos que tuviste que superar durante la organización del evento (por ejemplo: tuviste que invitar a miembros de la familia que no congenian, y decidir en qué lugar se sentarían a la mesa).

_____

_____

_____

Ahora piensa un momento en tu trabajo. Imagina que tienes que organizar un evento (una conferencia o una fiesta para los otros empleados o para clientes). ¿Tienes los contactos necesarios para producir un evento exitoso? Las habilidades que necesitarías para organizar un evento exitoso en el trabajo son las mismas que utilizaste en el hogar para organizar una fiesta exitosa.

■ ¿Te has dado cuenta de que a veces, a la hora de establecer relaciones, te comportas de modo diferente en la casa y en el trabajo? (Por ejemplo, tienes reparos en aproximarte a personas que no conoces.) ¿Cuales son algunas de esas diferencias?

_____

_____

_____

HONESTIDAD

Recuerda una situación en la que tus valores internos entraron en conflicto con una regla o ley en particular, y cómo manejaste la situación. El objetivo de este ejercicio es que reflexiones acerca de las buenas intenciones que pudiste tener (o que tendrás en el futuro), en instancias como aquella, y el impacto que tendrían tus acciones. Habrá muchas situaciones ambiguas, en que será difícil encontrar la respuesta correcta, pero es vital comprender cómo percibirían tus acciones personas con diferentes valores y orígenes culturales.

Utiliza el siguiente ejemplo como guía
- Situación: Mi colega de trabajo roba material de oficina costoso.
- Tu acción: No la reporto.
- Tu perspectiva: Valoro nuestra relación por encima de una regla.
- Perspectiva alternativa: Este material es para la oficina, así que a mí también me afecta que lo roben. La reportaré al jefe.
- Impacto de tu acción: Estoy reforzando la mala conducta de mi colega y afectando a toda la oficina.
- Otras posibles reacciones y efectos: Hablo con mi colega para explicarle el efecto que tiene su conducta, y le avisaré de que ésta será la última vez que me calle.

- Situación:

_____

_____

_____

_____

- Tu acción:

_____

_____

_____

_____

■ Tu perspectiva:

_____

_____

_____

_____

■ Perspectiva alternativa:

_____

_____

_____

_____

■ Impacto de tu acción:

_____

_____

_____

_____

■ Otras posibles reacciones y efectos:

_____

_____

_____

_____

_____

_____

_____

_____

Recuerda que lo que el mundo ve no es la intención de tus acciones, sino el impacto que tienen. Piensa en cuál era tu intención cuando te comportaste de esa manera. Reflexiona acerca de cuál fue el impacto de tu comportamiento. Finalmente, procura ponerte en el lugar de un norteamericano, y pregúntate cómo hubiera reaccionado él o ella en una situación semejante.

ESTABLECER METAS

Piensa en la primera generación de tu familia que vino a Norteamérica—esas personas especiales, que abrieron camino o consiguieron nuevos objetivos. Intenta visualizarlos en tu mente. Ponte en su lugar. Si no conoces los detalles de su historia, investígalos. Si tú eres esa persona, entonces tendrás que volver a tus propios pensamientos y objetivos de cuando comenzaste a planificar venir a Norteamérica.

El objetivo de este ejercicio es reconstruir una historia de éxito. Efectivamente, abandonar tu país de origen y comenzar una nueva vida es, en sí misma, una historia de éxito. Te marcaste una meta y la alcanzaste. Con toda probabilidad, cuando estudies la historia de tu familia (o la tuya propia), encontrarás que la clave del éxito reside en estructurar tus esfuerzos de manera eficaz.

Una vez que tengas tu historia familiar, responde a las siguientes preguntas.

■ ¿Cuáles fueron las metas que ellos (o tú) se propusieron alcanzar?

_____

_____

_____

_____

_____

_____

■ ¿Qué hiciste o qué hicieron ellos en cuanto a organización, para alcanzar esas metas?

_____

_____

_____

_____

■ ¿Qué sacrificios a corto plazo tuvieron ellos o tuviste tú que hacer, para alcanzar metas a más largo plazo?

_____

_____

_____

_____

_____

_____

■ Piensa en otras preguntas que creas que valga la pena hacerse uno mismo. (Por ejemplo, ¿cómo avanzaron en sus carreras? ¿Encontraron mentores por el camino?)

_____

_____

_____

_____

_____

_____

Utiliza este ejercicio como práctica acerca de cómo establecer pequeñas metas, y cómo encauzar tus acciones hacia la concreción de las mismas.

RESPETO POR LA AUTORIDAD

Piensa en una situación en la que tu educación entró en conflicto con la forma de hacer las cosas en Norteamérica. Por ejemplo, es posible que tú te dirijas a tu jefe con mayor formalidad de lo que es habitual acá, o bien que saludes a tus colegas en una fiesta de empresa mediante un beso en la mejilla, como hacen muchos latinos. Ahora piensa cómo se hacen aquí esas cosas, y compara ambas. ¿Cómo te afecta esa diferencia?

El ser excesivamente formal puede retrasar el establecer una relación productiva con tu jefe, o bien que te sientas menos cómodo expresándole tus ideas. En la fiesta de la empresa, tocar a otros cuando hablas, o besarlos podría hacer que los norteamericanos se sientan incómodos o que piensen que has invadido su espacio personal.

■ ¿Cómo abordas estas distintas situaciones ahora? Enumera tu estrategia y plan de acción.

_____

_____

_____

_____

_____

LA NECESIDAD DE AGRADAR

Piensa en al menos tres situaciones en las que, retrospectivamente, deberías haber dicho no, o bien deberías haber dado desde el primer momento información diferente de lo que la otra persona esperaba escuchar.

■ ¿Cuál fue la situación?

_____

_____

_____

_____

■ ¿Cuál era tu intención cuando dijiste sí, o estableciste unas expectativas por encima de lo que era realmente viable?

_____

_____

_____

_____

■ ¿Cuál fue el impacto? (¿La otra persona se sintió defraudada, malhumorada, etc.?)

_____

_____

_____

_____

■ Mirando hacia atrás, ¿qué cambiarías? (Incluso si comprendes el impacto negativo derivado de no decir no, algunas situaciones son muy difíciles de enfrentar. Con la práctica, te resultará cada vez más fácil.)

_____

_____

_____

_____

Pasa la semana próxima observando cómo tú y otros latinos a tu alrededor evitan decir no cuando sería mejor o incluso adecuado hacerlo.

Durante los próximos días, practica decir no a sencillas peticiones, incluso a pesar de que realmente pudieras cumplirlas. Por ejemplo, un colega te pide que te hagas cargo de responder el teléfono durante la hora del almuerzo. Di algo tipo: "Lo siento. Tengo un compromiso durante el almuerzo. No podré hacerlo."

NO LO TOMES A NIVEL PERSONAL

Piensa en alguna instancia en la que permitiste que tus emociones te controlaran durante lo que debería haber sido una simple transacción profesional. (Por ejemplo, pediste a un colega que revisara tu trabajo y que te diera su opinión, pero luego te ofendiste cuando te dio sus comentarios.)

- ¿Cuál fue la situación?

_____

_____

_____

- ¿Qué fue lo que hizo que cruzaras la línea y lo tomaras como algo personal? (¿Lo sentiste como un ataque personal? ¿Te pareció que fue dicho de manera demasiado directa?)

_____

_____

_____

- ¿Qué oportunidad se perdió debido a este cambio de enfoque hacia lo personal? (¿Desaprovechaste comentarios que podrían haber mejorado la calidad de tu trabajo?)

_____

_____

_____

- Mirando atrás, ¿qué podrías haber hecho de forma diferente? (Por ejemplo, si alguien te hace una crítica severa, puedes decirle cómo te sientes, o bien puedes pedir a un tercero que revise los comentarios y que evalúe si son válidos si crees que estás demasiado cercana a la situación como para hacer una valoración imparcial.)

_____

_____

_____

Es importante que reflexiones sobre estas situaciones y que comprendas claramente el impacto de tus acciones. Toma siempre en cuenta que con respecto a los estereotipos, siempre hay alguna persona que está esperando que se confirmen sus ideas preconcebidas e incluso sus prejuicios. Utilizar a otras personas como modelos a seguir te ayudará a ver la situación desde otra perspectiva.

ADAPTABILIDAD

El objetivo de esta actividad es reflexionar sobre situaciones que tú o tu familia han enfrentado en el pasado. Verás cómo las estrategias que usaste para manejar estas situaciones se pueden aplicar fácilmente a las experiencias que enfrentes en el trabajo.

■ Escribe un ejemplo de la vida real, que conllevara un cambio para ti o para tu familia. (Por ejemplo, la última crisis económica, que obligó a algunos de tus familiares a mudarse a los EE.UU. para vivir contigo.)

_____

_____

_____

_____

_____

_____

■ Enumera las acciones que llevaste a cabo para adaptarte a este cambio.

_____

_____

_____

_____

_____

■ ¿Hasta qué punto son similares (y aplicables) estas acciones al cambio más reciente que hayas experimentado en el trabajo (reestructuración, transición laboral, etc.), tú mismo, o alguien de tu entorno?

_____

_____

_____

_____

ADAPTABILIDAD EXTREMA

A veces el rasgo de tu adaptabilidad ha estado tan arraigado, que ya no sabes discernir lo bueno de lo malo. Pide a un amigo, antiguo jefe, o mentor que te de retroalimentación para descubrir situaciones en las que quizá estén aprovechándose de ti, debido a tu buena disposición. Por ejemplo, quizá te pidan con mayor frecuencia que a los demás, que te quedes a trabajar hasta tarde.

Una vez que hayas hecho esto, y que hayas identificado qué batalla quieres pelear, la planificación es tu mejor estrategia. Es importante que prepares un guión de lo que le quieras decir a tu supervisor, y que lo practiques antes de tener una reunión para comentar los temas. Ningún tema está fuera de límites, siempre y cuando lo presentes cuidadosamente y con respeto. Ten en cuenta que cuanto más tardes en comentar los temas que te incomodan, más difícil será mantener a raya tus emociones.

CREATIVIDAD

El objetivo de este ejercicio, es analizar y aprender acerca de maneras alternativas de enfrentar todo tipo de retos. (Si siempre has vivido en los EE.UU., pide a tus padres y abuelos que te ayuden con esta actividad.)

- Piensa en algo que das por hecho en los EE.UU. (por ejemplo, utilizar el correo para pagar tus facturas, o incluso tener una línea telefónica en la casa). Ahora piensa en cómo es ese proceso en tu país de origen (o pregunta a tu familia cómo lo hacían ellos).

- Enumera las diferencias, y pon atención a las soluciones ingeniosas con las que se sobreponían al fracaso de la infraestructura, o la escasez de recursos. (Por ejemplo, usaban el teléfono de la farmacia cercana a su casa, y los bancos inventaron el débito automático para poder pagar las facturas con seguridad.)

_____

_____

Si no se te ocurre ningún ejemplo, piensa en alguno de estos:
- Burocracias complejas.
- Servicio telefónico o de correo inadecuado.
- Taxis poco seguros.
- Apagones habituales.
- Falta de aire acondicionado.
- Sistemas bancarios inestables.

Ahora, piensa en las situaciones o desafíos relacionados con el trabajo que hayas enfrentado últimamente. Procura utilizar algunos de los mismos métodos para abordarlos. Si trabajas para una pequeña empresa (o una empresa nueva), estarás familiarizado con la escasez de recursos. Por otro lado, si trabajas para una compañía grande, lo más probable es que tengas que enfrentar largos procesos burocráticos que reducen la eficacia. ¿Ves alguna relación entre el tipo de problemas o desafíos descritos anteriormente?

ACTIVAR TU LADO CREATIVO

Piensa en lo siguiente: ¿cómo podrías aplicar tu creatividad al sistema americano? Para comenzar, aquí van dos ejemplos de cosas que se inventaron en Latinoamérica debido a la escasez de infraestructura o recursos.

■ Dada la ineficacia del servicio postal, las personas normalmente pagaban sus facturas en persona en la oficina del suministro correspondiente, como el agua o la electricidad. Por este motivo, el débito automático (de una cuenta corriente o tarjeta de crédito) se utilizó mucho antes en Latinoamérica que en los Estados Unidos. Era una manera más segura y más eficaz de pagar.

■ Debido a precios de gasolina más altos, las empresas inventaron combustibles alternativos años antes de que eso fuera un tema de preocupación para los norteamericanos. Los autos que andan con diesel y gas natural son algo común en Latinoamérica.

Ahora, considera algunas maneras en que puedes aplicar tu pensamiento creativo a situaciones difíciles en tu trabajo. Recuerda, el solo hecho de pensar que puede haber otro método, puede desencadenar ideas sobre nuevas maneras de resolver situaciones difíciles.

_____

_____

_____

_____

_____

_____

_____

_____

_____

_____

_____

_____

SER INDIRECTO

■ Describe una situación en el trabajo cuando utilizaste tu estilo indirecto de comunicación y tuvo un efecto negativo. (Por ejemplo, no te negaste abiertamente a realizar una tarea que sabías que no podrías hacer porque no tenías las herramientas necesarias.)

_____

_____

_____

■ ¿Por qué tu estilo tuvo un efecto no deseado? ¿Tus acciones te mostraron como un empleado que no se comprometió, de poco fiar, o sin una base sólida? Procura descubrir cómo te vieron tus colegas o jefes y toma nota de ello.

_____

_____

_____

■ ¿Cómo se hubiera comportado un amigo no latino en la misma situación? ¿Qué hubiera hecho de otra manera? (Por ejemplo, él o ella podría haber dicho educadamente pero con firmeza que no podría realizar esa tarea.)

_____

_____

_____

■ Compara ambos estilos y anota las diferencias. Date cuenta de por qué el estilo más directo hubiera recibido una respuesta más positiva en la misma situación.

_____

_____

_____

La próxima vez que se produzca una situación similar, prueba el estilo de tu amigo no latino.

HUMILDAD

En situaciones relacionadas con el trabajo (entrevista de trabajo, "networking", curriculum vitae, etc.) es importante que hables de tus logros de tal manera que les permita a otros saber exactamente cuales son. La mejor forma de llegar a ser bueno en esto es practicar con los amigos y luego probar la técnica en tu ambiente de trabajo. El siguiente ejercicio te ayudará a dar el primer paso.

Escoge un amigo e invítalo a tu oficina. Explícale que tienes que practicar hablar acerca de ti mismo en situaciones profesionales. Luego emplea diez minutos en decirle lo que has logrado hasta ahora en tu carrera. También puedes hablar de los logros en tu vida si llevas un tiempo sin trabajar. Asegúrate de que hablas de ti mismo en singular y no en plural y que sólo hablas de tus logros personales.

Cuando termines, pide a tu amigo que te repita tus logros relacionados con tu profesión. Escuchar a otra persona darte retroalimentación reforzará tu concientización de todo lo que has logrado. Luego, pide a tu amigo que te diga las cosas que has logrado y que pasaste por alto.

JUSTIFICAR LOS ERRORES

Darte cuenta de que justificas tus errores es la clave para cambiar tu estilo de comunicación a uno más directo, para poder fácilmente admitir cuál fue el error, y asumir la responsabilidad cuando sea preciso. En este ejercicio, revisarás tus experiencias pasadas cuando manejaste errores, y las contrastarás con tus conocimientos recién adquiridos.

Piensa en algún error reciente que hayas cometido en el trabajo. (Por ejemplo, hiciste el pedido equivocado y tienes que pagar para devolver los productos.)

■ ¿Cómo manejaste el error? (¿Lo admitiste? ¿Procuraste ocultárselo a tu jefe o buscar una excusa?)

_____

_____

_____

_____

_____

_____

_____

_____

■ ¿Cómo lo abordarías ahora que eres consciente de la mala imagen que ofreces cuando pones excusas?

_____

_____

_____

_____

_____

_____

_____

_____

Mantente alerta, y la próxima vez que cometas un error recuerda evitar las justificaciones.

OFRECER DEMASIADAS EXPLICACIONES

El primer paso para convertirte en un mejor comunicador, es ser un buen oyente. En el siguiente ejercicio, practicarás escuchar a tus colegas en el trabajo, y procurar imitar su estilo.

Durante los próximos dos días, escucha detenidamente la forma en que tus colegas norteamericanos responden las preguntas que les hacen sus jefes o compañeros.

■ Toma nota de cuáles son sus respuestas y cuánto tardan en responder.

_____

_____

_____

■ Ahora, anota las formas en que tú hubieras respondido a las mismas preguntas, y cuánto crees que hubieras tardado en responder.

_____

_____

_____

■ Compara ambas respuestas. ¿Son equivalentes? ¿En qué se diferencian?

_____

_____

_____

Ahora, pon atención a las preguntas que te hacen otras personas en la oficina. Descubre lo que realmente quieren saber y procura responder de manera bien concisa.

Al principio te resultará extraño, pero a medida que te vayas acostumbrando a responder de manera menos extensa y emotiva, podrás mejorar tus oportunidades de éxito dentro del entorno de trabajo norteamericano.

INFORMALIDAD

Para ser más formal en el trabajo, debes comenzar a observar tu propio comportamiento y practicar en pequeñas áreas. El siguiente ejercicio te ayudará a avanzar en el proceso.

- Haz una lista de áreas en las que identifiques que eres demasiado informal (por ejemplo, tu forma de presentar propuestas a tu supervisor, o tu manera de organizar reuniones con tu equipo).

_____

_____

_____

_____

- Escoge un punto para mejorar. Anota los pasos que seguirás para aumentar el nivel de formalidad con que abordas esa área o esa tarea. (Por ejemplo, avisar con antelación, siempre que haya una pequeña posibilidad de que llegues tarde a una cita o una fiesta, o escribir tus propuestas en la computadora y entregarlas en una carpeta.)

_____

_____

_____

_____

- Practica esto durante dos o tres días y anota tus observaciones. ¿Ves algún cambio en la forma en que te responden otros cuando te comportas de manera más formal? A medida que vayas ganando en formalidad en esta área, entonces podrás abordar los demás puntos de tu lista.

_____

_____

_____

_____

EVITAR CONFLICTOS VS. SER POCO FIABLE

Superar tus instintos de evitar conflictos tomará esfuerzo de tu parte. Usa este ejercicio para reflexionar acerca de alguna situación pasada en la que no expresaste tu opinión e imagina los diferentes resultados, si lo hubieras hecho.

■ Piensa en tres ejemplos de situaciones en que tuviste una opinión diferente de otra persona en el trabajo y no dijiste nada. Reflexiona sobre la situación. (Por ejemplo, quizá una colega de trabajo sugirió una idea que no estabas seguro de que funcionaría.)

_____

_____

_____

_____

_____

■ ¿Cuál fue la explicación racional que te diste a ti mismo por tu comportamiento? (Quizá tu colega estuvo trabajando más tiempo que tú en la empresa, y concluyes que él o ella sabe más que tú.)

_____

_____

_____

_____

■ Si hubieras dicho lo que pensabas ¿qué hubiera sido diferente? (Quizá podrías haberle ahorrado tiempo y dinero a la empresa, si hubieras señalado respetuosamente los errores de la sugerencia de tu colega de trabajo.)

_____

_____

_____

_____

■ Piensa en tres acciones que emprenderás la próxima vez. Recuerda, no estamos hablando de discutir, pelear, ni siquiera de una confrontación abierta (aunque dadas las circunstancias, todas estas cosas pueden llegar a ser necesarias). Se trata de adquirir un cierto grado de comodidad con la tensión asociada con un conflicto potencial—suficiente comodidad para poder expresar tus puntos de vista de manera clara y ordenada.

_____

_____

_____

_____

_____

LIDERAZGO Y CONFLICTO

Ya sea que te hayas criado en Latinoamérica o que seas hijo de padres latinos, seguramente acarreas muchas contradicciones. Seguramente te animaron a demostrar lo que vales pero a ser discreto al mismo tiempo. El motivo de este ejercicio es reflexionar acerca de esas contradicciones, de algunas de las cuales quizá ni seas consciente.

■ Piensa en situaciones que recuerdas, que ilustren tu tendencia latina a adoptar roles secundarios (como la situación de la que hablamos en el capítulo 5). Es posible que cuanto más lejano te encuentres de tus raíces latinas, más difícil te sea encontrar un ejemplo. Algunas consideraciones específicas que debes tomar en cuenta incluyen las siguientes:

_____

_____

_____

■ ¿Cuál fue el mensaje que te fue dado por tus padres acerca de cómo comportarte en Norteamérica? ¿Te animaron a tomar riesgos, o a que intentaras no hacerte notar y que simplemente te esforzaras en encajar? ¿Te animaron a ofrecerte de voluntario para liderar proyectos o clubes en la escuela, o bien te dijeron que dejaras el liderazgo en manos de otros?

_____

_____

_____

■ ¿Cuáles fueron los motives que te dieron para procurar persuadirte de que te comportaras de ese modo? ¿Te dijeron que ya te llegaría tu turno, o que liderar no era tan importante?

_____

_____

_____

■ ¿Viste una diferencia entre lo que te enseñaron tus padres y lo que enseñaron a sus hijos los padres de tus amigos? Piensa en el impacto que hayan podido tener algunos de esos mensajes sobre tu carrera. Considera ofrecerte como voluntario para el próximo proyecto en el trabajo, o bien pedir a tu jefe que te asigne mayor responsabilidad.

_____

_____

_____

MANEJO DE CONFLICTO Y COMUNICACIÓN

Cuando enfrentas situaciones estresantes en tu trabajo, es fácil esconderte tras tu estilo de comunicación poco asertivo para evitar el conflicto. Utiliza este ejercicio para reflexionar acerca de instancias en las que tu estilo de comunicación impidió que consiguieras algo que deseabas o necesitabas. Puede ser cuando quisiste algo— un aumento salarial, un proyecto, etc.—y en lugar de pedirlo directamente, diste señales indirectas, o cuando tuviste una buena idea pero no fuiste capaz de expresarla con eficacia.

■ Toma nota de alguna de esas situaciones.

_____

_____

■ ¿Cómo transmitiste tu mensaje? (¿Cómo expresaste tu interés, tu idea, o tu deseo?)

_____

_____

_____

■ ¿Cuál fue el resultado?

_____

_____

_____

■ ¿Qué crees que salió mal?

_____

_____

_____

■ ¿Cómo podrías emplear las tres Ps la próxima vez, para conseguir el resultado deseado?

_____

_____

_____

NETWORKING O ESTABLECER REDES DE CONTACTOS

Antes de considerar lo que involucra el networking, es hora de realizar un sencillo ejercicio para ayudarte a identificar las diferencias entre el networking entre latinos y entre norteamericanos.

■ Anota nombres de personas a las que consideras contactos. No escribas sólo sus nombres, sino también su ocupación o su relación contigo. (Por ejemplo: Marta Juárez, prima.)

_____

_____

Pide a un amigo o colega norteamericano que tenga una amplia red de contactos que haga lo mismo. Compara el número de personas en cada lista.

Analiza lo siguiente:

■ ¿Qué tipo de personas consideró tu amigo como contactos y que tú excluiste?

_____

_____

■ ¿Cuál fue tu razonamiento para no incluir a esas personas en tu lista?

_____

_____

■ Mira de nuevo tu lista de contactos y la de tu amigo o colega norteamericano. ¿Se te ocurren personas de diferentes categorías a las que podrías incluir en tu red de contactos? (Por ejemplo, profesionales a los que ves con regularidad, como tu médico, tu contador, personas en asociaciones industriales, etc.) Anótalas.

_____

_____

Ahora, responde estas preguntas y continúa añadiendo más personas a tu lista:

- Si tienes hijos, ¿podrías establecer redes de contactos con los padres de sus amigos?

_____

_____

- Si vas a la iglesia o al templo, ¿podrías relacionarte con otros asistentes? ¿Y qué hay del cura, el pastor o rabino?

_____

_____

- Si haces labores de voluntariado, ¿podrías relacionarte con otros voluntarios de la organización?

_____

_____

- Si fuiste a la escuela o tomaste cursos en el pasado, ¿podrías contactarte con antiguos compañeros o maestros?

_____

_____

- Si perteneces a algún comité, ¿podrías relacionarte con los demás miembros?

_____

_____

Ahora tienes un grupo mucho más significativo de contactos con el que trabajar.

REGLAS BÁSICAS DEL NETWORKING

Prepárate para hablar a otras personas sobre ti de manera interesante y atractiva. Lo que le dices a quienes conoces por vez primera seguramente será distinto dependiendo de la fase de tu vida y de tu profesión en la que te encuentres. Ajusta tu presentación a tus circunstancias.

Piensa en los principales aspectos que definen quién eres, lo que sabes, de dónde vienes y el valor que contribuyes. No te focalices solo en tu lado profesional—piensa también en tus aficiones, intereses, y cualquier cosa que transmita algo que contribuya a que conectes con otra persona. Recuerda que el networking implica hacer amigos y conectar a nivel humano con otra persona.

Prepara diferentes versiones de tu presentación para utilizarlas en situaciones distintas—una más corta (que generalmente se denomina el discurso del ascensor) - que deberías ser capaz de hacer en uno a tres minutos, y otra, más detallada, que puede ser más flexible. Puedes imprimir este discurso en una tarjeta para entregarla a otros cuando establezcas relaciones en tu búsqueda de trabajo.

A continuación verás un ejemplo de un discurso de ascensor que utilizarías en el caso de buscar empleo.

"Soy secretaria médica con cuatro años de experiencia en el consultorio de un médico general. Domino Microsoft Word, Excel, PowerPoint, Access, y Outlook. Mi trabajo más reciente fue en la práctica dental del doctor Ricardo Pereyra, en la ciudad de México DF, donde fui valorada por mis excelentes dotes telefónicas y por saber manejar la presión con calma. He recibido bonos extra por mi contribución a la eficiencia de la práctica. Tengo las habilidades profesionales requeridas para trabajar como asistente personal, y soy bilingüe".

A continuación, hay un discurso que utilizarías si simplemente estuvieras conociendo a otras personas a las que añadir a tu red de contactos durante un evento social.

"Vivo en Nueva York. Soy secretaria médica en el consultorio de un pediatra en Jackson Heights. Es un gran lugar, y tengo oportunidad de hacer lo que más me gusta que es trabajar con niños. No tengo hijos propios así que para mí es un trabajo ideal. Procuro calmarlos y entretenerlos para que no lloren. Juego con ellos, les leo cuentos...todo esto entre que atiendo el teléfono y hago citas. Estoy siempre muy ocupada, ¡pero la mayor parte del tiempo me divierto mucho!"

Redacta tu propio discurso y luego practícalo con tus amigos y con tu familia hasta que logres hacerlo con naturalidad.

EL NETWORKING EN LA PRÁCTICA

Además de saber quién eres y cuáles son tus metas, para mejorar tus dotes para establecer redes de contactos, también es importante saber todo lo que puedes ofrecer a las personas a las que conocerás. Al responder este cuestionario, tendrás—en un mismo lugar— todo lo que puedes compartir cada vez que conozcas a una nueva persona.

■ Anota cuales son tus áreas de conocimientos y especialización (cosas que conoces bien).

_____

_____

_____

■ Haz una lista de personas clave que conoces y a las que tienes acceso.

_____

_____

_____

■ Haz una lista de información privilegiada a la que tienes acceso (podría ser cuándo saldrá al mercado la nueva colección de otoño donde tú trabajas, lo que da a los compradores la oportunidad de prepararse; o quizá sepas de nuevas vacantes en tu empresa).

_____

_____

_____

■ Haz una lista de organizaciones a las que tienes acceso (organizaciones y clubes profesionales, etc.).

_____

_____

_____

■ Haz una lista de cosas a las que tienes acceso (podría ser capital financiero, espacio libre o gratis para mantener reuniones, etc.).

_____

_____

_____

ÍNDICE

SOBRE LOS AUTORES

Mariela Dabbah es la autora de *Cómo conseguir trabajo en los Estados Unidos, guía para latinos* y *Ayude a su hijo a tener éxito en la escuela, guía para padres latinos*, ambos publicados por Sourcebooks. Ha intervenido en los programas televisivos "All Things Considered" (NPR), "Despierta América" (Univision), "Cada día con María Antonieta" (Telemundo), "Directo desde EEUU" (CNN en Español), "Exclusiva" (ABC News), y muchos otros programas televisivos, radiales y en prensa.

Es licenciada en letras de la Universidad de Buenos Aires, y vive en los EE.UU. desde 1988. Fue propietaria de *Flame*, compañía distribuidora de libros educativos donde desarrolló manuales y programas formativos para maestros y padres. Desde el 2000, se ha focalizado en su carrera como escritora y conferenciante, haciendo presentaciones en corporaciones y organizaciones educativas. Es colaboradora de *Hora Hispana*, del *New York Daily News*, y con Arturo Poiré, escribe una columna mensual para la revista *Tu Dinero*. Mariela Dabbah también es autora de obras de ficción. Su libro *Cuentos de Nuevos Aires y Buena York* fue publicado en Argentina por Editorial Metafrasta en 2005. Escribe y hace presentaciones en inglés y en español.

Puedes contactar a Mariela Dabbah mediante e-mail, en la siguiente dirección: **mariela@marieladabbah.com**.

Arturo Poiré es ejecutivo de recursos humanos de una corporación global de servicios financieros. Desde este puesto, ha llevado a cabo encargos en Sudamérica, el Reino Unido y Asia, en las áreas de integración de fusiones, reorganización, manejo de cambios, manejo de talentos, y reclutamiento estratégico. También ha trabajado exhaustivamente en coaching profesional y ejecutivo.

Arturo Poiré es graduado en sociología por la Facultad de Ciencias Sociales de la Universidad de Buenos Aires, y tiene una maestría en administración de negocios (MBA) de la New York University—Stern School of Business. Como sociólogo, su trabajo se ha focalizado en dinámicas organizativas, incluyendo el manejo de cambio y estrategias de comunicación, y el impacto de la democracia en el sistema educativo. Además, ha colaborado con artículos periodísticos sobre temas sociales y culturales. Vive en Nueva York desde 1996.

Puedes contactar a Arturo Poiré mediante e-mail, en la siguiente dirección: **arturo@thelatinoadvantage.com**.